विश्व की उत्पत्ति

पुरुष सूक्त का रहस्यभेद

पराग मोहन भालेराव

पुरुष सूक्तमें वर्णित
विश्व की उत्पत्ति के सिद्धांतोंका
वैज्ञानिक विश्लेषण

पराग मोहन भालेराव

प्रथम आवृत्ती:   जून १६, २०२२   (ज्येष्ठ कृष्ण द्वितीया, शके १९४४)

मराठी पुनर्मुद्रण   ऑगस्ट २, २०२२   (श्रावण शुद्ध पंचमी, शके १९४४)

हिंदी पुनर्मुद्रण   ऑगस्ट २, २०२२   (श्रावण शुद्ध पंचमी, शके १९४४)

समर्पण

मैं यह पुस्तक मेरी माँ श्रीमती कुंदा भालेराव और पिताजी स्व. मोहन भालेरावजी को समर्पित करता हूं। उनके उचित संस्कारों के कारण ही मैं इस पुस्तक में दर्शाये गए विषय को समझ पाया। उन्होंने इस पुस्तक के लेखन में बहुत महत्वपूर्ण भूमिका निभाई है।

मेरा परिवार, श्रीमती सोनाली, गौरी व गार्गी की सहायता मेरे लिए बहुत महत्वपूर्ण है। उनके सहयोग के कारण ही मैं इस पुस्तक को पूर्ण कर सका हूँ।

पूज्य स्वामी चिदानंद पुरी, श्री. नीलेश ओक, स्वामी शांतानंदजी, स्वामी सिद्धानंदजी और श्री वेंकट रमनाजी को भी मैं धन्यवाद देता हूं। उन्होंने मुझे अपनी बहुमूल्य प्रतिक्रिया देने के लिए, मुझे अमूल्य मार्गदर्शन करने देने के लिए और आशीर्वाद देने के लिए अपना कीमती समय दिया।

मैं उन सबके प्रती आभार प्रदर्शित करता हूँ जिन्होंने मुझ पर विश्वास किया और मुझे प्रोत्साहित किया।

सबसे महत्वपूर्ण बात, मैं डॉ. पी. वी. वर्तक के प्रति अपनी कृतज्ञता व्यक्त करता हूँ। उनके कार्य ने मुझे विभिन्न शास्त्रों में लिखित विज्ञान का पता लगाने के लिए प्रेरित किया।

पराग भालेरावसबसे महत्वपूर्ण, मैं डॉ पी वी वर्तक के प्रति कृतज्ञता व्यक्त करता हूँ। उनके कार्य ने मुझे विभिन्न शास्त्रों में वर्णित विज्ञान का अध्ययन करने के लिए प्रेरित किया।

पराग भालेराव

निवेदन

प्रिय पाठक,

किसी विषय पर किताब लिखना बहुत कठिन कार्य है और विशेषतः "पुरुषसूक्त" जैसे कठिन विषय पर लिखना और उसमें वैज्ञानिक सिद्धांतों को खोजना मेरे लिए एक बड़ी चुनौती थी।

मैं बचपन से सुनता आ रहा हूं कि वैदिक साहित्य विज्ञान से भरा है। उस विज्ञान का पता लगाने के लिए, मैंने पुरुषसूक्त पर कई किताबें पढ़ीं। लेकिन शायद ही किसी विश्लेषण में मैंने पुरुषसूक्त का वैज्ञानिक अर्थ पढ़ा हो। मैं पुरुषसूक्त का वैज्ञानिक अर्थ समझने के लिए प्रेरित हो गया और पुरुष सूक्त का अध्ययनका प्रारंभ किया। अनेक भाष्यों, अनेक पुस्तकों, अनेक वीडियो से, मैंने पुरुषसूक्त का अर्थ समझने का प्रयास किया। मुझे अनेक भाष्यों में पुरुषसूक्त की विभिन्न व्याख्याएं मिलीं, लेकिन वैज्ञानिक अर्थ और विशेष रूप से ब्रह्मांड के निर्माण के पीछे का रहस्य लगभग किसी भी भाष्य में नहीं पाया गया।

जब मैंने पुरुषसूक्त का अध्ययन शुरू किया, तो मैंने पुरुषसूक्त की मूल संकल्पना, "ब्रह्मांड की उत्पत्ति" पर ध्यान केंद्रित किया। पुरुष सूक्त का जो भी अर्थ मैंने समझा है, वह वैज्ञानिक दृष्टिकोण पर ध्यान रखके समझा है। मैंने उनमें आध्यात्मिक या धार्मिक रूप अर्थ पर ज्यादा ध्यान नहीं दिया।

इस पुस्तक में मेरा विश्लेषण विशुद्ध रूप से वैज्ञानिक सोच पर आधारित है। पुरुष सूक्त पर जिन विद्वानों ने भाष्य लिखे हैं, उनके लिए मेरे मन में बहुत सम्मान है, लेकिन मेरा विश्लेषण उनसे बहुत अलग है।

इस पुस्तक में संस्कृत शब्दों के अर्थ केवल संदर्भ के लिए दिए गए हैं। इसलिए मैंने व्याकरण संबंधी यथार्थता या उचित संधी विग्रह पर बहुत अधिक ध्यान केंद्रित नहीं किया है। मुझे विश्वास है कि गहन अध्ययन के बाद मेरे द्वारा प्रस्तुत विचारों से आप सभी निश्चित सहमत होंगे और मेरे विश्लेषण को एक अलग दृष्टिकोण से देख सकेंगे।

जब इस पुस्तक को लिखते समय कई विशेषज्ञों ने मुझे बहुमूल्य मार्गदर्शन दिया, कई मित्रों ने मुझे प्रोत्साहित किया और मुझसे प्यार करने वाले कई सहयोगियों ने भी मुझे महत्वपूर्ण सुझाव दिए। मैं उन सभी का हृदय से ऋणी हूँ।

धन्यवाद!

पराग भालेराव

अभिप्राय - स्वामी शांतानंदजी

पुरुष सूक्त एक प्रसिद्ध सूक्त है जिसका उपयोग लगभग सभी हिंदू अनुष्ठानों में किया जाता है। इसलिए इसका अर्थ और महत्व जानना जरूरी है ताकि मंत्रों का जाप करने वालों को अधिक लाभ हो।

पुरुष सूक्त पर अनेक भाष्य हैं। इस ग्रंथ में श्री पराग भालेराव का एक अनुपम भाष्य है। उन्होंने ऋषियों के विचारों को आधुनिक वैज्ञानिकों की खोजों से जोड़ने का बहुत अच्छा काम किया है। यह आधुनिक तर्कसंगत मन की संतुष्टि के लिए वैज्ञानिक व्याख्याओं के साथ संस्कृत मंत्रों के शाब्दिक अर्थ पर एक अनूठी टिप्पणी है।

इस पुस्तक की सफलता के लिए मेरी शुभकामनाएं और यह पाठकों को उनकी संस्कृति के प्रति सम्मान और श्रद्धा से समृद्ध करेगी।

प्यार और ओम,

स्वामी शांतानंद

आचार्य - चिन्मय मिशन

स्वामी शांतानंद न्यू जर्सी में चिन्मय मिशन के आचार्य और चिन्मय मिशन वेस्ट के अध्यक्ष हैं। एक साधु के रूप में अपना जीवन शुरू करने से पहले, उन्होंने गुरुदेव के सचिव के रूप में काम किया और ताइवान में चिन्मय केंद्र भी स्थापित किए। स्वामीजी के सभी भाषण मूल्यवान अंतर्दृष्टि से भरे है जिसे हम अपने दैनिक जीवन में लागू कर सकते हैं।

अभिप्राय - स्वामी सिद्धानंदजी

श्री. पराग भालेराव की पुस्तक पढ़कर मुझे खुशी हुई। इस पुस्तक में प्राचीन वैदिक स्तोत्र, पुरुष सूक्त पर टीका है। ब्रह्मांड के निर्माण का रहस्य सभी हिंदू वैदिक अनुष्ठानों और समारोहों में पढ़े जाने वाले पुरुष सूक्त में खोजा गया है। यह सर्वोच्च भगवान, "पुरुष" या ब्रह्मांड और ब्रह्मांड के निर्माता की पूजा में सबसे प्रसिद्ध रचना है।

श्री पराग भालेराव ने वैज्ञानिक सोच के साथ पुरुषसूक्त के विभिन्न श्लोकों (जिन्हें मंत्र कहा जाता है) का विश्लेषण किया है; और उनके रहस्य को सरल भाषा में समझाया है। पूरे ब्रह्मांड में एक ही "पुरुष" है और उसे महापुरुष कहा जाता है। श्री। भालेराव आपको इस "पुरुष" की परिभाषा और विशेषताओं की वैज्ञानिक व्याख्या देते हैं।

श्री पराग भालेराव हमारे चिन्मय मिशन के बालविहार सेवक हैं। वे हमारे युवाओं को हिंदू साहित्य, धर्म और संस्कृति से शाश्वत मूल्य सिखाते हैं।

इस स्तोत्र के माध्यम से, आइए हम साधक के रूप में, सर्वोच्च परमेश्वर और सार्वभौमिक अस्तित्व के साथ अपनी एकता को पहचानें।

श्री पराग भालेराव को मेरी ओर से शुभकामनाएं।

भगवान नारायण, विश्वपुरुष की कृपा और पूज्य गुरुदेव स्वामी चिन्मयानंद का आशीर्वाद उन पर और उनके परिवार पर बना रहे।

स्वामी सिद्धानंद

आचार्य - चिन्मय मिशन

स्वामी सिद्धानंद चिन्मय मिशन पेनसिल्वेनिया सेंटर के आचार्य हैं। स्वामीजी ने चिन्मय युवा केंद्र के माध्यम से युवाओं की पीढ़ियों को प्रेरित किया है और उनके साथ कई आध्यात्मिक और सामाजिक परियोजनाओं में काम किया है। स्वामीजी चिन्मय प्रकाशन के प्रभारी हैं। वह नियमित रूप से त्रि-राज्य क्षेत्रों (NY, NJ, PA) में बलविहार, सत्संग और शिविर आयोजित करता है। स्वामीजी एक कलाकार और गायक हैं और उन्होंने कई भजनों की रचना की है।

अभिप्राय – श्री. निलेश ओक

पराग और मैं एक ही व्यक्ति से प्रेरित है, डॉ. पद्माकर विष्णु वर्तक। डॉ. वर्तक ने अपने स्वयं के शोध के माध्यम से इस बात पर जोर दिया कि यद्यपि अध्यात्म और विज्ञान में बहुत प्रगति हुई है, दोनों को अभी लंबा रास्ता तय करना है। अध्यात्म शुद्ध विज्ञान है और विज्ञान शुद्ध अध्यात्म है और ज्ञान व्यक्तिगत प्रयासों से ही बढ़ता है।

पराग का 'पुरुष सूक्त' का विश्लेषण उनकी आध्यात्मिकता और विज्ञान की समझ को बढ़ाने की इच्छा से प्रेरित है। पुरुषसूक्त ऋग्वेद, यजुर्वेद और अथर्ववेद में पाया जाता है। वेदों के शब्द विज्ञान के सिद्धांतों की तरह हैं। इन शब्दों के कई अर्थ न केवल संभव हैं, बल्कि अभिप्रेत भी हैं। श्रुति की सुंदरता यह है कि इसपर कभी भी कई अर्थों और व्याख्याओं का बोझ नहीं होता है, इसके विपरीत यह सुंदरता कई व्याख्याओं के माध्यम से प्रकट होती है।

मैंने पराग की सरल और स्पष्ट, आध्यात्मिक और वैज्ञानिक व्याख्या का आनंद लिया। उन्होंने मुझे चिंतन के लिए अतिरिक्त अंतर्दृष्टि प्रदान की है। स्नान करते समय, मैं प्रतिदिन पुरुषसूक्त का जप करता हूँ जहाँ मुझे एक हजार (हजारों) पानी की बूंदों के रूप में परमात्मा के एक हजार आशीर्वाद दिखाई देते हैं। आप भी एक बार इसका अनुभव जरूर करें।

श्री. निलेश नीलकंठ ओक

लेखक, शोधकर्ता, वक्ता

नीलेश ओक एक लेखक, संशोधक, वक्ता और कॉर्पोरेट सलाहकार और इन्स्टिट्यूट ऑफ अॅडव्हान्स्ड सायन्सेस, डार्टमथ, एमए, यूएसए में सहायक प्रोफेसर हैं। उन्होंने केमिकल इंजीनियरिंग में बीएस, एमएस और कार्यकारी एमबीए किया है। उन्होंने कई किताबें प्रकाशित की हैं और प्राचीन भारतीय इतिहास पर विस्तार से लिखा है।

नीलेश भारतीयों को भारतीय सभ्यता की गहरी पुरातनता का एहसास कराने में मदद करते हैं ताकि वे वैज्ञानिक बुद्धि और तार्किक तर्क के माध्यम से भारत के भव्य आख्यान को सही मायने में समझ सकें, प्रस्तुत कर सकें या संरक्षण कर सकें।

अभिप्राय – श्री. व्यंकट रमणन

मुझे बहुत खुशी है कि लोग वेद सीख रहे हैं और आधुनिक दृष्टिकोण से उनकी व्याख्या कर रहे हैं। श्री. पराग भालेराव जी ने इस पुस्तक में पुरुषसूक्त के मंत्रों को बड़ी सरलतासे समझाया है। हम संस्कृत ग्रंथों की व्याख्या तीन अलग-अलग तरीकों से कर सकते हैं। एक है शब्द से जुड़ा अर्थ, दूसरा है इसमें छिपा दार्शनिक विचार और तीसरा है वैज्ञानिक प्रक्रिया का वर्णन करने वाला रूपक।

पुरुष सूक्त गतिशील ब्रह्मांड का सूत्र है। इसमें वर्णन किया गया है कि कैसे भगवान अपने सर्वोच्च व्यक्तित्व को नामों और रूपों की दुनिया में प्रकट करते हैं। इस पुस्तक में पुरुष सूक्त के वैज्ञानिक विचार प्रस्तुत किए गए हैं। पुरुषुक्त अपौरुषेय है, अर्थात यह किसी के द्वारा नहीं बनाया गया है। वैदिक ग्रंथों की प्रकृति ऋषियों द्वारा किसी के आध्यात्मिक विकास के अनुसार प्रकट की जाती है।

सत्य बहुआयामी है। अपनी परिपक्वता के अनुसार आप इसे समझ सकते हैं। एक अनोखे सत्य को पकड़ने की मनोकामना से श्री. पराग ने अपने विचार प्रस्तुत किए हैं। श्री. पराग ने पुरुषसूक्त के कठिन छंदों का गहन अध्ययन किया है और प्रत्येक शब्द के अर्थ पर गहराई से विचार किया है। उन्होंने सनातन धर्म में निहित विचारों के माध्यम से ब्रह्मांड के विकास को समझा और समझाया है। उन्होंने सनातन धर्म की अनिवार्यता को आत्मसात किया है और खुद को एक विचार प्रणाली तक सीमित किए बिना विभिन्न शास्त्रों की व्याख्या करने का प्रयास किया है। सरल भाषा में लिखी गई यह पुस्तक ब्रह्मांड के विकास के विचारों को स्पष्ट रूप से प्रस्तुत करती है। यह पुस्तक श्री पराग की अनेक पुस्तकों के लिए प्रेरणा बने और हम सभी को वेदध्यान का अध्ययन करने के लिए प्रेरित करे।

देवी अभिराम आप सभी का कल्याण करें।

श्री. व्यंकट रमणन

लेखक, वक्ता, व्याख्याता

सेवानिवृत्त वरिष्ठ प्रबंधन, भारतीय दर्शन, हिंदू धर्म, तुलनात्मक धर्म पर निरूपण व्याख्यान, दर्शन, धर्म पर शोध करना, स्वतंत्र लेखक, ब्लॉगर, टेडेक्स स्पीकर

प्रार्थना

वक्रतुण्ड महाकाय । सूर्यकोटि समप्रभ ।
निर्विघ्नं कुरु मे देव । सर्वकार्येषु सर्वदा ॥

सरस्वति नमस्तुभ्यं । वरदे कामरूपिणि ।
विद्यारम्भं करिष्यामि । सिद्धिर्भवतु मे सदा ॥

सदाशिव समारम्भाम् । शङ्कराचार्य मध्यमाम् ॥
अस्मदाचार्य पर्यन्ताम् । वन्दे गुरु परम्पराम् ॥

अनुक्रम

पार्श्वभूमी

परमाणु बम के जनक, अमेरिकी परमाणु भौतिक शास्त्र के वैज्ञानिक जे. रॉबर्ट ओपेनहाइमर ने कहा था, पिछली सभी सदियों की तुलना में, वेदों की उपलब्धी इस सदी का सबसे बड़ा भाग्य है। ('Access to the Vedas is the greatest privilege this century may claim over all the previous centuries'.) अन्य कई प्रसिद्ध आधुनिक वैज्ञानिकों और विद्वानों ने वैदिक साहित्य को दुनिया के लिए बहुत मूल्यवान बताया है।

वेद केवल हिंदू धार्मिक पुस्तकें नहीं हैं। ज्ञान की भारतीय परंपरा, जो वेदों और अन्य ग्रंथों से शुरू होती है, शुद्ध वैज्ञानिक ज्ञान का सागर है। यह ज्ञान किसी जाति या धर्म के लिए सीमित नहीं है परन्तु सभी के लिए उपयुक्त है।

वेद शब्द विद् शब्द से बना है। विद् का अर्थ है 'जानना' और वेद शब्द 'ज्ञान' को दर्शाता करता है। वेद विभिन्न प्रकार के ज्ञान से भरे ग्रन्थ हैं। यह ज्ञान प्राचीन भारतीय ऋषियों द्वारा प्राप्त किया गया था और ऋग्वेद, यजुर्वेद, सामवेद और अथर्ववेद नामक चार ग्रंथोंमें विभाजित किया गया था।

ये वेद प्राचीन हैं, और इनकी निर्मिति का काल आसानी से स्थापित नहीं किया जा सकता। कई विद्वानों ने वेदों की उत्पत्ति के लिए अलग-अलग कालखंडों का अनुमान लगाया है। खगोल शास्त्र के सन्दर्भों के आधार पर डॉ. प. वि. वर्तक ने वेदों के कालनिर्धारण की गणना की। यह काल ईसा पूर्व २४,००० तक जाता है।

यह समझना महत्वपूर्ण है कि वेदों के "लेखक" या "निर्माता" कौन हैं। वेदों को "अपौरुषेय" कहा जाता है, जिसका अर्थ है वेद मनुष्यों द्वारा निर्मित या लिखित नहीं है। वेद किसी एक ऋषि द्वारा नहीं लिखे गए। अलग-अलग समय पर अलग-अलग ऋषियों ने अलग-अलग मंत्र लिखे जिससे वेदों का निर्माण हुआ। ये ऋषि अत्यंत बुद्धिमान और निपुण थे, वे बहुत विनम्र भी थे। उन्होंने दावा किया कि वेदों के मंत्र सर्वोच्च

चेतना या ब्रह्म द्वारा उन्हें (या उनके माध्यम से) व्यक्त या प्रकट किए गए थे। ऋषियों का मानना था कि वे केवल वेदों को प्रकट करने के लिए ब्रह्मन द्वारा उपयुक्त कए गए उपकरण थे। इन ऋषियों ने मंत्रों की रचना का श्रेय नहीं लिया, इसलिए कई ने उन मंत्रों में अपने नाम का उल्लेख भी नहीं किया, इसलिए इन मंत्रों को मानव द्वारा रचित नहीं माना गया और उन्हें अपौरुषेय कहा गया। बाद में लगभग ५००० ईसा पूर्व, महर्षि व्यास ने सभी मंत्रों को संकलित किया, उन्हें चार वेदों में व्यवस्थित और प्रलेखित किया। महर्षि व्यास को उनके कार्यों का सम्मान करने के लिए वेद व्यास कहा जाता है।

वेदों में कई विषयों पर चर्चा की गई है, लेकिन इस पुस्तक में, हम उन विषयों में से एक पर ध्यान केंद्रित करेंगे, जो विश्व के निर्माण, या प्रकटीकरण पर चर्चा करता है (यह पुस्तक 'निर्माण' और 'प्रकटीकरण' दोनों शब्दों का उपयोग करती है)।

ब्रह्मन् ने स्वयं को विश्व के रूप में प्रकट किया। इस विषय को बाद में इस पुस्तक के विभिन्न खंडों में विस्तृत किया गया है।

पुरुष सूक्त

वेदों में ऐसे सिद्धांत हैं जो विश्व के निर्माण की चर्चा करते हैं। ये कोई कल्पना नहीं हैं। ये बहुत ही वैज्ञानिक सिद्धांत हैं। आधुनिक विज्ञान द्वारा प्रस्तावित सिद्धांत, हजारों साल पहले वेदों में लिखित सिद्धांतों से मिलते हैं।

आधुनिक विज्ञान किसी भी सिद्धांत को सिद्ध करने के लिए प्रमाण (सबूत) को ढूंढने की कोशिश करता है, हालांकि कई सिद्धांत अभी भी कुछ प्रमुख धारणाओं (assumptions) पर आधारित हैं जिन्हें सिद्ध नहीं किया जा सकता। वैदिक साहित्य साक्ष्य और प्रमाणों पर ध्यान केंद्रित करने के बजाय ज्ञान की प्राप्ति पर अधिक ध्यान केंद्रित करता है।

पुरुष सूक्त एक ऐसा सिद्धांत है जो विश्व के निर्माण का वर्णन करता है। आधुनिक विज्ञान में बताई गई बिग बैंग थ्योरी (Big Bang Theory) पुरुष सूक्त में बताई गई सिद्धांतोंसे से मिलती है।

इस पुस्तक में, मैं पुरुष सूक्त का अपना विश्लेषण प्रदान कर रहा हूं। यह पुरुष सूक्त में उपलब्ध विज्ञान और ज्ञान को उजागर करने का एक प्रामाणिक प्रयत्न है। पुरुष सूक्त को विश्व की निर्मिति पर चर्चा करनेवाला सूत्र माना जाता हैं। यहाँ प्रदान किए गए विश्लेषण और व्याख्या 'विश्व की निर्मिति' के पहलू पर केंद्रित है।

विश्लेषण से पहले, इस सूक्त की पार्श्वभूमी को समझना महत्वपूर्ण है।

पुरुष सूक्त विश्व की निर्मिती (या प्रकटीकरण) का वर्णन करता है और सभी वेदों (कुछ मामूली बदलावों के साथ) में उल्लेखित है, जैसे की,

- ऋग्वेद १०.९०
- शुक्ल यजुर्वेद संहिता ३०.१-१६
- अथर्ववेद संहिता १९.६
- सामवेद कौथुमी शाखा आरण्यक पर्व ६.४

कई अनुष्ठानों, पूजाओं, यज्ञों आदि के दौरान पुरुष सूक्त का जाप किया जाता है और आज भी कई घरों में प्रतिदिन इसका जाप किया जाता है।

द्रष्टा ऋषि या ऋषि जिन्होंने पुरुष सूक्त को प्रकट किया, वह नारायण ऋषि हैं।

पुरुष शब्द का अर्थ समझना जरूरी है। यहाँ पुरुष शब्द किसी मनुष्य या पुल्लिंग का संकेत नहीं देता है। कई विद्वानों ने पुरुष को पुरी शयनात के रूप में परिभाषित किया है।

- पुरी (या पुर) शहर को इंगित करता है, लेकिन इस संदर्भ में इसका अर्थ विश्व है। कुछ ग्रंथों में मानव शरीर को पुरी के रूप में भी वर्णित किया गया है।
- शय (या शयन) निद्रा का संकेत देता है

तो, पुरुष का अर्थ है जो पूरे विश्व में सोता है, या पूरे विश्व में व्याप्त है। यदि पुरुष विश्व में केवल सोता है, तो वह सक्रिय नहीं होगा।

यहाँ ध्यान देना जरुरी है की पुरुष शब्द में 'ष' अक्षर है न कि 'श'। सही अक्षर 'ष' या को ध्यान में रखते हुए, पुरुष शब्द को इस तरह से परिभाषित किया जाता है,

- 'पुर' शहर या विश्व को इंगित करता है
- 'उषा' भोर को इंगित करता है

उषा दिन के लिए प्रकाश और ऊर्जा प्रदान करती है या प्रज्वलित करती है जो किसी भी क्रिया का कारण के किये आवश्यक होती है।

तो, पुरुष का अर्थ वह हो जाता है जो विश्व को प्रज्वलित या सक्रिय करता है, जो स्वयं ब्रह्म है। एक जीवित प्राणी के शरीर के संदर्भ में, पुरुष का अर्थ है आत्मा। पुरुष शब्द नियंत्रण शक्ति का प्रतिक है। सामान्य संदर्भ में यह परिवार नियंत्रण करने वाले व्यक्ति के लिए योजित किया गया और इस प्रकार एक आदमी के रूप में इसका अर्थ प्रचलित हुआ।

सूक्त मूल रूप से मंत्रों का एक संग्रह है। सूक्त दो शब्दों से मिलकर बना है, 'सु' और 'उक्त'। 'सु' का अर्थ है 'अच्छा' या समुचित तथा 'उक्त' का अर्थ है "वचन"।

मंत्र श्लोकों से भिन्न हैं। मंत्रों का जाप करते समय उच्चारण और स्वर का बहुत महत्व होता है। यह सामान्य धारणा है कि सूक्त या मंत्र किसी देवता या देवी की स्तुति हैं। हमेशा वैसा नहीं होता है। जैसा कि हम इस पुस्तक में देखेंगे, पुरुष सूक्त किसी देवता या देवी की स्तुति नहीं है।

पुरुष सूक्त मंत्रों का संग्रह है जो ब्रह्मन् या पुरुष द्वारा विश्व की निर्मिती का वर्णन करता है। इस पुस्तक में, मैंने "निर्मिती" शब्द का प्रयोग इस विषय को सरलता से समझने के लिए किया है, हालांकि वैदिक विद्वानों का मानना है कि यह कोई निर्मिती नहीं है, बल्कि यह स्वयं पुरुष का विश्व के रूप में प्रकटीकरण है।

एक ही पुरुष को ब्रह्म, ब्रह्मन्, आत्मा, परमपुरुष, पुरुषोत्तम, नारायण, विष्णु, शिव या विराट पुरुष भी कहा जाता है। यही पुरुष समस्त सृष्टि की निर्मिती का स्रोत है।

यज्ञ

पुरुष सूक्त ने विश्व के प्रकट होने की प्रक्रिया का एक यज्ञ के रूप में वर्णन किया है। परंपरागत रूप से यज्ञ एक अनुष्ठान है जहां अग्नि प्रज्वलित किया जाता है, और अग्नि में भोग चढ़ाया जाता है। तथापि, सामान्य तौर पर यज्ञ का अर्थ "परिवर्तन की कोई भी प्रक्रिया" ऐसा होता है। पारंपरिक यज्ञ में, कुछ और प्राप्त करने के लिए अग्नि में निर्धारित भोग चढ़ाया या अर्पण किया है।

पुरुष सूक्त पुरुष के लिए पुरुष द्वारा किए गए एक यज्ञ का वर्णन करता है, जिसमें पुरुष को स्वयं एक भोग के रूप में अर्पण किया है। संपूर्ण सूक्त वर्णन करता है कि यह यज्ञ कैसे हुआ और इससे विश्व कैसे प्रकट हुआ।

विभिन्न ग्रंथों में हमें ब्रह्म या पुरुष के स्वयं विश्व के रूप में प्रकट होने के संदर्भ मिलते हैं। कुछ संदर्भों में शामिल हैं,

- **ऐतरेय उपनिषद** - उन्होंने (पुरुष या ब्रह्म ने) सोचा कि मैं वास्तव में दुनिया का निर्माण करूंगा।

- **तैत्तिरीय उपनिषद** - उनकी (पुरुष या ब्रह्म की) इच्छा थी कि मैं व्यक्त बन जाऊं और जन्म लूं। उन्होंने तपस्या की। तपस्या करने के बाद, उन्होंने उसे बनाया जो कुछ भी हम देखते हैं।

- **कठोपनिषद** - संपूर्ण ब्रह्मांड, ब्रह्म से विकसित हुआ, प्राण में गति करता है या कंपन करता है, जिसका अर्थ है कि सृष्टि एक गति है, ऊर्जा का एक कंपन है।

- **मुंडकोपनिषद** - ब्रह्म से ये सभी उत्पन्न होते हैं: निर्माता, नाम और रूप और सभी के लिए पोषण।

इस पार्श्वभूमि के बाद अब हम पुरुष सूक्त के विभिन्न मंत्रों का विस्तृत विश्लेषण करेंगे।

मंत्र १ : पुरुष का प्रारंभिक रूप

अनुवाद:

हज़ार सिरों वाला पुरुष, हज़ारों आँखों और हज़ार पैरों वाला, जो पूरे विश्व को आच्छादित करता है और उससे दस इंच (अंगुलम) आगे तक फैला हुआ है।

विवरण:

जहां कई विद्वानों ने इस मंत्र के बारे में विस्तृत टिप्पणी लिखी है, वहीं उनका ध्यान वैज्ञानिक से अधिक आध्यात्मिक लगता है। आइए इस मंत्र को विश्व के निर्माण के संदर्भ में वैज्ञानिक रूप से देखें।

"हजार सिर" का अर्थ केवल एक हजार सिर नहीं है। इसका अर्थ है हजारों सिर या अनगिनत सिर। यही बात आंखों और पैरों पर भी लागू होती है। तो, यह कौन है जिसके हजारों सिर और हजारों आंखें और हजारों पैर हैं?

आध्यात्मिक चर्चा में कहाँ गया है, पुरुष प्रत्येक जीवित और निर्जीव प्राणी के अंदर है। तो, इन प्राणियों के सभी सिर उसके सिर हैं, इस प्रकार हजारों सिर, इत्यादि। यह ध्यान रखना महत्वपूर्ण है कि पाठ में हजार सिर और दो हजार आंखें या दो हजार पैरों का उल्लेख नहीं है। भले ही हम "हजारों" ऐसा सन्दर्भ ले, फिर भी यह अर्थ विश्व के निर्माण से संबंधित नहीं है।

यदि हम इसे विश्व के निर्माण के सिद्धांत के दृष्टिकोण से देखें, तो हम स्पष्ट रूप से एक अलग अर्थ समझ सकते हैं। आधुनिक विज्ञान के अनुसार विश्व की उत्पत्ती का सिद्धांत कहता है कि "गर्मी के कारण परमाणु प्रतिक्रियाएं हुईं और विश्व का निर्माण करने वाले गर्भ में ऊर्जा के कारण विस्फोट हुआ।" इस विस्फोट के ठीक बाद की स्थिति वही है जो पहला मंत्र बता रहा है। उस विस्फोट से हजारों चमकीली वस्तुएं (कुछ आधुनिक सिद्धांतों में "gas drops" के रूप में वर्णित) बन गईं और वे वस्तुएं मूल विस्फोट से दूर, बाहरी दिशा में जाने या विस्तारित होने लगीं। समझने की सरलता के लिए मैं "चमकदार वस्तुएं" शब्द का उपयोग कर रहा हूं। ये "वस्तुएं" विशाल थीं और कुछ प्रकाश वर्ष के व्यास की थीं। आसानी से समझने के लिए, एक पटाखे के विस्फोट की कल्पना करें, हजारों चिंगारियां विस्फोट से दूर सभी दिशाओं में जाती हैं। यह उसी प्रकार का दृश्य हुआ होगा।

दिलचस्प बात यह है कि इस मंत्र में ऋषि ने केवल सिर, आंख और पैरों का ही वर्णन किया है। न हाथ, न कान, न पेट, न छाती, न शरीर का कोई अन्य अंग। ऋषि ने विशेष हेतू से सिर, आंख और पैरों पर ही क्यों विचार किया? केवल इन तीनों को शामिल करने का कारण बहुत महत्वपूर्ण है।

- **सिर** व्यक्तित्व का प्रतीक है। आज भी हम "per head" जैसे शब्दों का प्रयोग करते हैं। तो, हजारों सिरों का वर्णन करके, ऋषि इन्हें हजारों अलग अलग या विशिष्ट (distinct and individual) वस्तुओं के रूप में समझा रहे हैं।

- **आँख** प्रकाश, चमक या किसी प्रकार की ऊर्जा का प्रतीक है। ये वस्तुएँ विस्फोट से बनी थी, इसलिए वे बहुत अधिक ऊर्जा विकीर्ण कर रही थी। अगर कोई उन्हें देखता, तो वे हजारों चमकती हुई वस्तुओं की तरह दिखाई देते। यह विकिरण या चमकने वाला पहलू "आंखों" द्वारा दर्शाया गया है।

- **पैर** गति का प्रतीक है। एक विस्फोट के माध्यम से उत्पन्न होने के कारण, इन वस्तुओं को विस्फोट से बाहर फेंक दिया गया था और इसलिए वे विस्फोट से बाहर की दिशा में आगे बढ़ रही थी।

तो, इस मंत्र का पहला भाग विस्फोट के ठीक बाद की स्थिति का स्पष्ट रूप से वर्णन करता है (आधुनिक विज्ञान इसे "बिग बैंग" कहता है), हजारों अलग अलग (सिर) चमकती (आंखें) वस्तुएं बनाई गईं और आगे बढ़ने लगीं (पैर)।

इसकी एक और व्याख्या हो सकती है, सिर इच्छा या निर्णय का प्रतिनिधित्व करता है, आंखें दृष्टि का प्रतिनिधित्व करती हैं और पैर गति या क्रिया का प्रतिनिधित्व करते हैं। तो, विश्व का निर्माण पुरुष की इच्छा थी और अपनी दृष्टि के आधार पर, उन्होंने विश्व बनाने के लिए कार्रवाई की।

मंत्र का दूसरा भाग कहता है, "पुरुष सभी पदार्थ (भूमि) और पूरे विश्व को आच्छादित करता है और दस इंच या दस अंगुल आगे तक फैला हुआ है"।

पहले "दस" शब्द के महत्व को समझते हैं। दशमलव प्रणाली में ० से ९ तक के अंक होते हैं। जो कुछ भी इन अंकों से नहीं मापा जा सकता है, वह कुछ ऐसा है जिसे व्यक्त नहीं किया जा सकता है या अनंत है। इस संदर्भ में "दस" अंक अनंत (infinite) का प्रतीक है।

जब पुरुष ने विश्व बनाया, तो उन्होंने इसे कहां बनाया? उन्होंने इसे अपने भीतर ही बनाया है। वे स्वयं वह "अंतरिक्ष" थे जिसमें उन्होंने विश्व या संपूर्ण सृष्टि की रचना की। यदि विश्व उनके भीतर है, तो स्वाभाविक

रूप से, वे विश्व को ढँक लेते है और विश्व से बहुत बड़े है। उन्हें मापा नहीं जा सकता और इसलिए वे अनंत है।

आधुनिक सिद्धांतों में से एक सिद्धांत के अनुसार, विश्व लगातार विस्तारित हो रहा हैं। यदि विश्व का विस्तार करना है, तो कुछ "जगह" होनी चाहिए जिसके भीतर वह विस्तार कर सके। पुरुष अनंत है और विश्व से परे फैला हुआ है और विश्व के विस्तार के लिए जगह प्रदान करता है।

हमारे ऋषियों द्वारा विभिन्न वस्तुओं के लिए उपयोजित किए गए नाम भी बहुत वैज्ञानिक हैं और वस्तु की प्रकृति का वर्णन करते हैं। विश्व के लिए उपयोजित नाम जग है। जग शब्द दो धातुओं से आया है, ज और ग। ज जन्म को दर्शाता है और ग गति को दर्शाता है। तो, जग शब्द उस विश्व को दर्शित करता है जो जन्म (या निर्मिति) से गतिशील रहा है।

मंत्र २: भूत, वर्तमान और भविष्य में हर चीज का अस्तित्व

अनुवाद:

जो भूतकाल में था, जो अभी है और जो भविष्य में होगा, वही पुरुष (स्वयं) है। इतना ही नहीं, बल्कि वह, विश्व के स्वामी के रूप में, इसे (ब्रह्मांड) को बढ़ने के लिए आवश्यक पदार्थ (भोजन) प्रदान करके इसे (अमर रूप से) बढ़ता है।

विवरण:

चूंकि सब कुछ पुरुष द्वारा और स्वयं पुरुष से बनाया गया है, जो भी भूत काल में व्यक्त हुआ था, जो कुछ अभी व्यक्त है या जो कुछ भी भविष्य में व्यक्त होगा, वह सब कुछ स्वयं पुरुष है।

छान्दोग्य उपनिषद में सर्व खल्विदं ब्रह्म कहा गया है, जिसका अर्थ है कि सब कुछ वास्तव में ब्रह्म ही है।

किसी भी वस्तु की निर्मिति के तीन अलग-अलग कारण होते हैं,

- **उपादान कारण** वह जो निर्मिति के लिए आवश्यक कच्ची सामग्री हैं।
- **निमित्त कारण** कार्य की उत्पत्ति में सहायक उपकरण है। इसमें निर्मिति के यन्त्र आदि वस्तुएँ समाविष्ट है।
- **कर्ता** किसी वस्तु का निर्माता होता है जो उपकरणों के साथ सामग्री पर काम करता है।

उदाहरण के लिए, यदि कुम्हार अपने पहिये पर मिट्टी से घड़ा बनाता है, तो कुम्हार कर्ता कारण है, पहिया निमित्त कारण है और मिट्टी उपादान कारण है।

जब पुरुष ने विश्व की निर्मिति की, तो पहले कुछ भी अस्तित्व में नहीं था, इसलिए न तो कोई सामग्री थी और न ही कोई उपकरण। तो, पुरुष स्वयं सामग्री, आवश्यक उपकरण और निर्माता के पीछे की बुद्धि बन गया।

जैसा कि पुरुष ने विश्व का निर्माण किया, उन्होंने यह भी सुनिश्चित किया कि यह विकसित हो और इसे विकसित करने के लिए उचित पोषण (भोजन) प्राप्त हो। इस पोषण के माध्यम से, पुरुष विश्व को निरंतर बढ़ता और चलता रहता है। पुरुष द्वारा बनाए गए विश्व को नष्ट नहीं किया जा सकता है। उस अर्थ में, पुरुष द्वारा बनाई गई कोई भी चीज अमर है।

जैसा कि हम आज जानते हैं, हम जो कुछ भी देखते हैं वह सब कुछ पदार्थ और ऊर्जा द्वारा निर्मित होता है। पदार्थ और ऊर्जा रूप बदल सकते हैं, लेकिन नष्ट नहीं हो सकते। इस गुण का वर्णन इस मन्त्र में "अमृतत्व" या अमरता शब्द द्वारा किया गया है।

आधुनिक विज्ञान भी अमरता के सिद्धांत से सहमत होता है जब वह पदार्थ और ऊर्जा के संरक्षण के नियमों (law of conservation) को बताता है। पदार्थ और ऊर्जा को कभी बनाया नहीं जा सकता और न ही नष्ट किया जा सकता है; हालांकि, वे रूप बदल सकते हैं।

भोजन हर चीज के होने (अस्तित्व) और बनने (भविष्य की स्थिति) के लिए आवश्यक है। इस मंत्र के सन्दर्भ में अन्न शब्द का अर्थ चावल जैसे पारंपरिक भोजन से नहीं है, जिसका हम उपभोग करते हैं। भोजन अस्तित्व, पोषण और विकास के लिए आवश्यक एक पदार्थ है। जैसे ही पुरुष ने विश्व का निर्माण किया, उन्होंने पदार्थ (या उदाहरण के रूप में ऊर्जा) की व्यवस्था की जो विश्व को बनाए रखने और बढ़ने में मदद करती है।

आधुनिक विज्ञान विश्व के लिए इस अन्न को डार्क एनर्जी (dark energy) कहता है। भौतिक शास्त्र में, डार्क एनर्जी ऊर्जा का एक अज्ञात रूप है जो ब्रह्मांड के विस्तार के लिए लिए परिकल्पित है। विश्व का लगातार विस्तार दर्शाने के लिए हो डार्क एनर्जी सबसे स्वीकृत परिकल्पना है।

अन्न शब्द के विभिन्न अर्थ हैं और वे सभी इस मंत्र के संदर्भ में अच्छी तरह से मिलते हैं।

- अन्न शब्द "अद्" मूल से बना है, जिसमें खाने की भावना होती है। जीवित रहने और बढ़ने के लिए सभी प्राणियों को भोजन करने की आवश्यकता होती है।
- अन्न शब्द "अन्" से भी लिया गया है, जिसका अर्थ है सांस लेना, जो सभी प्राणियों के अस्तित्व के लिए भी आवश्यक है।
- अन्न का एक अर्थ ज्ञान भी है। विकास और अस्तित्व के लिए, हमें ज्ञान की आवश्यकता है।
- अन्न के अन्य अर्थों में ब्रह्मा, सूर्य आदि भी शामिल हैं।

अन्न शब्द के ये सभी अर्थ या व्याख्या किसी ऐसे पदार्थ की ओर इशारा करते हैं जो विकास के लिए आवश्यक है। पुरुष स्वयं ही अन्न बन जाता है और इस पदार्थ को न केवल प्राणियों के लिए, बल्कि पूरे विश्व के अस्तित्व और विकास के लिए प्रदान करता है। इस वृद्धि या विस्तार का सुझाव देने के लिए "अतिरोहती" शब्द का उपयोग किया है।

मंत्र ३: एक छोटा सा भाग प्रकट

अनुवादः

उसकी महिमा विशाल है, और वह इन सब से बढ़कर है (इससे भी बड़ा है)। उसका एक चौथाई (छोटा) हिस्सा प्रकट विश्व (सारी सृष्टि) है, जबकि तीन चौथाई (बड़ा) हिस्सा स्वर्ग में अव्यक्त है।

विवरण:

पहले दो मंत्रों में अब तक जो कुछ भी वर्णित किया गया है वह पुरुष की महिमा या महानता है, लेकिन वह और भी बहुत कुछ है। सृष्टिकर्ता हमेशा सृष्टि से कई बड़ा होता है।

मंत्र कहता है कि अभी तक जो कुछ भी प्रकट हुआ है वह उसका एक चौथाई हिस्सा है, जबकि उसका तीन चौथाई हिस्सा अभी भी अव्यक्त है। मुझे नहीं लगता कि मंत्र ठीक एक चौथाई (या २५%) और ठीक तीन चौथाई (या ७५%) के बारे में बात करने की कोशिश कर रहा है। इस मंत्र का सार यह है कि पुरुष के पास इतना कुछ है कि विशाल, प्रकट भाग, जिसे हम समझते हैं, उसका मात्र एक छोटा सा हिस्सा है।

छोटे हिस्से को समझने का एक तरीका यह है कि, हमारे पास सृष्टि को समझने की सीमित क्षमताएं हैं और ऋषि यह स्वीकार कर रहे हैं कि जो मैंने समझा है वह एक छोटा सा हिस्सा है और यह रचना और निर्माता, जितना मैं समझ सकता हूं उससे कहीं अधिक है।

इसे समझनेका दूसरा तरीका यह है कि पुरुष ने इस प्रकट विश्व की रचना की। उसने जो बनाया है वह, वह सब नहीं हो सकता जो उसके पास है। तो, यह सृष्टि रचनाकार जो कुछ भी बना सकता है उसका एक छोटा सा हिस्सा है। उसका बड़ा भाग स्वर्ग में अव्यक्त रहता है।

हम स्वर्ग को पृथ्वी से परे एक उच्च स्थान के रूप में सोचते हैं। उसी प्रकार से, यहाँ स्वर्ग का अर्थ प्रकट विश्व से परे एक उच्च "स्थान" है। हमने पहले मंत्र में यह भी चर्चा की कि पुरुष पूरे विश्व को आच्छादित करता है, इसलिए वह स्वयं विश्व से परे है जहां उसका बड़ा हिस्सा अमर या अव्यक्त रहता है।

मंत्र ४: आवर्तक निर्मिति

अनुवाद:

पुरुष का तीन चौथाई (बड़ा भाग) नश्वर से ऊपर उठ गया है। पुरुष का एक चौथाई (छोटा भाग), बार-बार प्रकट होता है। उसके बाद (पुरुष का यह एक चौथाई भाग) सजीव और निर्जीव (निष्क्रिय) दोनों में व्याप्त है।

विवरण:

यह मंत्र पुष्टि करता है कि पुरुष का बड़ा हिस्सा स्वर्ग में अव्यक्त रहता है (ऊपर उठता है)। जो छोटा अंश प्रकट हुआ है, वह सजीव और निर्जीव रूपों में बार-बार प्रकट होता रहता है। इसका अर्थ है कि जीवित वस्तुओं को निर्जीव वस्तुओं के साथ पोषित किया जाता है और अपने जीवन के पूरा होने के बाद, वे फिर से निर्जीव में विलीन हो जाती हैं। यह चक्र चलता रहता है और पुरुष बार-बार प्रकट होता रहता है। यह जीवित चीजों के साथ-साथ निर्जीव चीजों के रूप में भी प्रकट होता है।

यह केवल पृथ्वी पर जीवित और निर्जीव वस्तुओं से परे है। विश्व में बहुत से तारे और ग्रह बनते और नष्ट होते रहते हैं। यह भी स्वयं पुरुष की आवर्ती अभिव्यक्ति का हिस्सा है।

आधुनिक विज्ञान मानता है कि हर दिन लाखों तारे पैदा होते हैं और नष्ट हो जाते हैं। कॉर्नेल विश्वविद्यालय द्वारा प्रकाशित एक लेख में उल्लेख किया गया है कि हमारी अकेली आकाशगंगा, प्रति वर्ष लगभग तीन नए सितारों का उत्पादन करती है। मिल्की वे जैसी विशिष्ट आकाशगंगा में, विशाल तारे लगभग हर १०० वर्षों में सुपरनोवा के रूप में अपना जीवन समाप्त कर देते है। कम विशाल तारे (सूर्य की तरह) ग्रहीय नीहारिकाओं के रूप में अपना जीवन समाप्त कर लेते हैं, जिससे white dwarfs बनते हैं। अलग-अलग आकाशगंगाओं के लिए ये दर अलग-अलग हैं, यह विश्व में सभी आकाशगंगाओं का औसत है। विज्ञान अवलोकनीय विश्व में लगभग १०० बिलियन आकाशगंगाओं का अनुमान लगाता है, इसलिए प्रत्येक वर्ष लगभग १०० बिलियन तारे पैदा होते और नष्ट होते हैं, जो पूरे विश्व में प्रति दिन लगभग २७५ मिलियन है।

ब्रह्मा के दिन और रातें - हमारे शास्त्र हमें ब्रह्मा के दिन और रात के माध्यम से विश्व के प्रकट होने और विनाश की प्रक्रिया के बारे में बताते हैं। अपने दिन के दौरान, ब्रह्मा विश्व का निर्माण करते हैं और अपनी रात के दौरान वे विश्व को वापस अपने भीतर समाविष्ट कर लेते हैं। बेशक, ब्रह्मा के दिन और रात कुछ अरब मानव वर्ष होते हैं।

विश्व की रचना एक कल्प (एक हजार महायुग) की अवधि के दौरान प्रकट होती है, जिसके दौरान सृष्टि प्रकट होती है। इस अवधि की गणना 4.32 अरब सौर वर्षों के बराबर की जाती है। एक कल्प को सृष्टिकर्ता ब्रह्मा का एक दिन माना जाता है। ब्रह्मा के दिन की शुरुआत में, सृष्टि अव्यक्त पुरुष से प्रकट होती है।

पुरुष स्वयं अनंत है। पुरुष का छोटा सा हिस्सा अपने आप से बड़ी संख्या में विश्व बनाने में सक्षम है। सभी वैदिक साहित्य हमें बताते हैं कि स्वयं पुरुष का वर्णन नहीं किया जा सकता है। यहां तक कि पुरुष का सर्वोत्तम संभव विवरण भी केवल एक भाग का वर्णन कर सकता है।

मंत्र ५: प्रारंभिक अभिव्यक्ति

अनुवाद

उस (पुरुष) से, विराज का जन्म हुआ, विराज से, अधि पुरुष। उन्होंने (अधि पुरुष) तब बड़े पैमाने पर स्वयम को विभिन्न रूपों में बदलकर पृथ्वी का निर्माण किया, और फिर पृथ्वी पर भूमि का।

पिछले मंत्र तक, ऋषि ने वर्णन किया कि कैसे पुरुष पूरे विश्व में व्याप्त है। मुझे लगता है कि ऋषि अब हमारे सौर मंडल और पृथ्वी के निर्माण के बारे में बात कर रहे हैं। जबकि विश्व का निर्माण कई आकाशगंगाओं, सितारों और इसी तरह से विकसित होता रहा, ऋषि अब मानव दुनिया पर अधिक ध्यान केंद्रित कर रहे हैं। इस मंत्र की भी कई तरह से व्याख्या की जाती है। आइए विभिन्न शब्दों के अर्थ को समझें।

उसी से विराज का जन्म हुआ। जबकि विराज के विभिन्न अर्थ हैं, यह शब्द मूल शब्द राज से आया है, जिसका अर्थ है चमकना। वि उपसर्ग का अर्थ है 'एक विशेष तरीके से' या प्रमुखता से। तो विराट का अर्थ है असाधारण रूप से चमकीली वस्तु।

विराज क्या हो सकता है, इसकी विभिन्न व्याख्याएं हैं। विराज पुरुष का प्रथम प्रकट रूप लगता है। यह हमारे लिए पुरुष को सगुण या प्रकट रूप में समझने का एक रूप है। यह इस लिए है कि हम पुरुष की कल्पना कर सके जो अकल्पनीय है। सृष्टि के संदर्भ और क्रम में इसका अर्थ हमारी आकाशगंगा हो सकता है। रोचक बात यह है कि कई शास्त्रों में ब्रह्मांड शब्द का प्रयोग किया गया है, जिसका अर्थ है ब्रह्मन् या पुरुष से पैदा हुआ अंडा। आकाशगंगा एक अंडे के आकार की है। यह सोचना दिलचस्प है कि ऋषि हजारों साल पहले आकाशगंगा के आकार को कैसे जानते थे!

विराज से, अधि पुरुष। अधि का अर्थ है पूर्ण, श्रेष्ठ, उच्च (अधिकार में)। यह आदि पुरुष उस पुरुष से अलग है जिसके बारे में हम अब तक बात कर रहे हैं। यह आदि पुरुष वह शक्ति या ऊर्जा है जिसने पृथ्वी का निर्माण किया। यह हमारा सौर मंडल हो सकता है। इस अधि पुरुष ने पृथ्वी को प्रकट किया जैसा कि हम देखेंगे।

उन्होंने (अधि पुरुषने) फिर स्वयम को विभिन्न रूपों में बदल दिया। यहाँ अतिरिच्यत (या अति अरिच्यत) शब्द बहुत महत्वपूर्ण है। यह शब्द मूल शब्द "रिच" से आया है जिसका अर्थ है बलिदान के अर्थ में रिक्त करना। यहां जोड़ा गया उपसर्ग "अति", "पूरी तरह से रिक्त" दर्शाता है। इसलिए, आदि पुरुष ने कुछ भी छोड़े बिना स्वयम को पूरी तरह से रिक्त कर दिया (या स्वयम को बदल लिया)। आधुनिक विज्ञान का मानना है कि ठोस (solid) वस्तु बनने से पहले पृथ्वी शुरू में वायु का गोला थी। यह अंततः पृथ्वी का निर्माण करते हुए जम गया। जैसे ही पृथ्वी बनी, उस वायु के गोले ने अपना अस्तित्व खो दिया और अपने आप को

ठोस पृथ्वी में बदल लिया। दूसरे शब्दों में, इस गोले ने स्वयम को बलिदान कर दिया, कुछ भी पीछे नहीं छोड़ा, जिससे पृथ्वी का निर्माण हुआ।

पश्चात जब पृथ्वी जम गई, भूमि (पुर) की निर्मिति भी (अथो) शुरू हुई। पुरुष शब्द का अर्थ समझते हुए हमने पुर शब्द को समझा। विभिन्न संदर्भों में, पुर की व्याख्या (मानव या जीवित) शरीर के रूप में भी की जाती है। हालांकि, इस मंत्र में पुर का अर्थ वह स्थान जहां जीवन संभव है। इस अर्थ को मानने का दूसरा कारण यह है कि सृष्टि की प्रक्रिया में अभी जीवन नहीं बना है। जीवन या जीवों की रचना का वर्णन बाद के मंत्रों में किया गया है।

जैसे ही अधि पुरुष ने स्वयं को रूपांतरित किया, उन्होंने अपना मूल रूप त्याग दिया और अपने मूल स्वरूप से भिन्न रूप में प्रकट हुए।

अब तक हमने समझा, विश्व की रचना कैसे शुरू हुई, पुरुष कौन है और कैसे सब कुछ पुरुष के रूप के अलावा कुछ नहीं है। तब हमें समझ में आया कि सौरमंडल और पृथ्वी का निर्माण कैसे हुआ। आधुनिक सिद्धांत सृष्टि के समान क्रम का वर्णन करते हैं।

मंत्र ६: ऋतुएँ

अनुवादः

उस (आधि) पुरुष को हविष के रूप में, देवों ने यज्ञ किया। वसंत ऋतु उसका घी (मक्खन) था, ग्रीष्म ऋतु उसका ईंधन, और शरद ऋतु उसकी आहुति।

विवरण:

यह बहुत ही रोचक मंत्र है। यहां कई नई संकल्पना पेश की गई हैं। इस मंत्र में पुरुष सूक्त में पहली बार "देव" शब्द का प्रयोग किया गया है। यह मंत्र विभिन्न मौसमों के बारे में भी बात करता है।

इस समय अधि पुरुष अभी भी निर्माण की प्रक्रिया में है। जीवन अभी भी पृथ्वी पर नहीं बनाया गया है। जीवन बनाने से पहले, आदि पुरुष पृथ्वी पर जीवन का पोषण करने के लिए एक वातावरण बना रहा है।

पुरुष और अधि पुरुष शब्द यहाँ भ्रमित करने वाले प्रतीत होते हैं। यह मंत्र पुरुष के बारे में बात करता है, लेकिन अगर हम इस मंत्र को पिछले मंत्र की सलगता में समझते हैं, तो संदर्भ अधि पुरुष का होना चाहिए। हालांकि, मंत्र कहता है कि देवताओं द्वारा किए गए यज्ञ के दौरान पुरुष को प्रसाद के रूप में उपयोग किया गया था। संस्कृत में देव का अर्थ है स्वर्गीय, उच्च उत्कृष्टता या चमक वाली चीजें। देव शब्द की उत्पत्ति दिव् मूल से हुई है जिसका अर्थ है "चमकना"।

यह ध्यान रखना चाहिये कि देवताओं को भी पुरुष से ही बनाया गया था। देवों के निर्माण की यह प्रक्रिया भी एक यज्ञ है।

तो यहाँ वर्णित प्रक्रिया में कहा गया है कि आकाश में चमकती हुई "वस्तु" ने पुरुष का यज्ञ करने के लिए प्रसाद (हविष) के रूप में उपयोग किया। सरल शब्दों में इसका अर्थ है कि विश्व में उपलब्ध ऊर्जा का उपयोग ब्रह्मांडीय सामग्री के साथ-साथ पृथ्वी (साथ ही अन्य ग्रहों) को आगे बनाने और इसे जीवन के लिए तैयार करने के लिए किया गया था। इस प्रक्रिया में पृथ्वी पर विभिन्न ऋतुएँ अस्तित्व में आईं।

मंत्र का अगला भाग तीन मौसमों के बारे में बात करता है। वसंत, ग्रीष्म और शरद। हर साहित्य में वसंत, ग्रीष्म, वर्षा, शरद, हेमंत, और शिशिर इन छः मौसमों का वर्णन किया गया है। तो पुरुष सूक्त केवल तीन ऋतुओं की ही बात क्यों करता है?

यहाँ वर्णन किया गया है की वसंत का उपयोग मक्खन के रूप में किया गया, ग्रीष्म का ईंधन के रूप में और शरद ऋतु का आहुति के रूप में उपयोग किया गया। यज्ञ के लिए ऋतुओं का उपयोग विभिन्न भौतिक वस्तुओं के रूप में कैसे किया जा सकता है? अधिकांश ग्रंथों ने इन्हें ऋतुओं के रूप में वर्णित किया है और उनके विचारों और व्याख्याओं का समर्थन करने के लिए विस्तृत स्पष्टीकरण दिया है। साथ ही, पृथ्वी अभी भी प्रकट होने की प्रक्रिया में है। पृथ्वी के प्रकट होने से पहले भी ऋतुएँ कैसे हो सकती हैं?

वसंत सृजन या नई शुरुआत का मौसम है। ताजी कलियाँ खिलती हैं, सीतनिद्रा में रहने वाले जानवर जागते हैं और पृथ्वी फिर से मानो जीवित लगाने लगाती है। तापमान धीरे-धीरे बढ़ने लगता है। मक्खन (जो दूध का मुख्य पोषक तत्व है) की तरह वसंत जीवों को फलने-फूलने, और खिलने के लिए आवश्यक पोषण तथा वातावरण प्रदान करता है।

ग्रीष्मकाल ऊर्जा की अभिव्यक्ति का प्रतिनिधित्व करता है। जीवन और ऊर्जा अधिक मात्रा में उपलब्ध होती है और यह संवृद्धि का समय होता है। ग्रीष्मकाल में हमें सूर्य की पौष्टिक किरणों का सब से अधिक मात्रा में लाभ मिलता है। इस मंत्र में, ग्रीष्म ऊर्जा या ईंधन का प्रतिनिधित्व करता है और यहाँ ग्रीष्म ऋतु पोषण और जीविका के लिए आवश्यक ऊर्जा का प्रतिनिधित्व करता है।

शरद ऋतु में पेड़ों से पत्ते गिर जाते हैं और सब कुछ भूरा और नीरस हो जाता है। मंत्र में शरद या शरद ऋतु का उल्लेख यज्ञ में एक आहुति के रूप में किया है। किसी भी यज्ञ में आहुति जल जाती है। तो, शरद ऋतु विघटन या विलुप्त होने का प्रतिनिधित्व करती है।

इस समझ के साथ, क्या ये तीन ऋतुएँ उत्पत्ती, स्थिति और लय का प्रतिनिधित्व कर सकती हैं? पृथ्वी के प्रकट होने की प्रक्रिया के दौरान, एक प्रक्रिया विकसित हुई जो वस्तुओं के निर्माण, पोषण और विघटन की सुविधा प्रदान करेगी। पुरुष जानता था कि कोई भी रचना हमेशा या अनिश्चित काल तक नहीं रह सकती। निर्माण, पोषण , विघटन और फिर से निर्माण की प्रक्रिया होनी चाहिए। यह चक्र किसी भी सृष्टि के समुचित शासन के लिए नितांत आवश्यक है।

यह मंत्र ऋतुओं की नहीं, बल्कि उत्पत्ति, स्थिति और लय के चक्र की योजना विस्तृत करता है।

मंत्र ७: पृथ्वी का निर्माण

अनुवाद:

सात उसके परिधि (यज्ञ की सीमा निश्चित करने वाली लकडियाँ) थे, (तीन गुणा सात) इक्कीस ने ईधन थे। देवताओं ने यज्ञ करने के लिए पुरुष को एक बलि पशु के रूप में बांध दिया।

विवरण:

उचित विश्लेषण और समझ के बिना यह मंत्र वैदिक अनुष्ठानों या परंपराओं के बारे में हमें भ्रमित कर सकता है। इस मंत्र का सावधानीपूर्वक विश्लेषण आवश्यक है।

पिछले मंत्र से आगे बढ़कर यह मंत्र यज्ञ का वर्णन कर रहा है। इस यज्ञ की मूलभूत व्यवस्था को समझते हैं। सामान्यतः, हम यज्ञ को एक अनुष्ठान के रूप में समझते हैं जहां आग लगाई जाती है, और हवन किया जाता है। इस समझ से अनेक श्लोकों उचित अर्थ जानना कठिन है। तो, आइए समझते हैं यज्ञ शब्द का उचित अर्थ। यज्ञ शब्द 'यज' धातु से बना है जिसका अर्थ है देना, त्याग करना या बलिदान करना। तो, यज्ञ एक ऐसी प्रक्रिया है जिसमें सामग्री के एक रूप को छोड़ दिया जाता है या दूसरे रूप को प्राप्त करने के लिए बलिदान किया जाता है।

पृथ्वी के निर्माण के लिए, पृथ्वी के चारों ओर की गौरवशाली शक्तियों (देवों) ने परिवर्तन प्रक्रिया में योगदान दिया। सामान्यतः यज्ञ में, यज्ञ की सीमा को कुछ लकडियों का उपयोग करके निश्चित किया जाता है। इन्हें परिधि कहा जाता है। देवों द्वारा किए गए यज्ञ के लिए, सात परिधि (परी = चारों ओर; धी = स्थान) की स्थापना की गई थी। तो, वे कौन सी सात परिधियाँ हैं जिन्होंने पृथ्वी की सीमा को निश्चित किया? स्पष्ट रूप से, पृथ्वी की सतह की सीमाओं को सात महाद्वीपों और सात महासागरों द्वारा निश्चित किया गया है। सृष्टि के सिद्धांत के बावजूद, सभी संस्कृतियां सात समुद्रों के बारे में बात करती हैं। अलग-अलग साहित्य में अलग-अलग समुद्रों को माना जाता है, हालांकि, गिनती स्पष्ट रूप से हर जगह सात है।

कुछ विद्वानों ने आवरणों के रूप में परिधि का अर्थ प्रदान किया है। इस अर्थ के साथ, उन्होंने सात लोकों या अस्तित्व के सात सतहों की व्याख्या करने का प्रयास किया है। वैदिक शास्त्रों के अनुसार, अस्तित्व के सात लोक या सतह हैं। ये हैं भुः, भुवः, स्वः, महः, जनः, तपः और सत्य। (सात निचले लोक भी हैं जैसे कि अतल, वितल, सुतल, रसतल, तलातल, महतल, पाताल और नरक)।

निश्चित रूप से इन लोकों के पृथ्वी के निर्माण में भूमिका निभाने की संभावना है। हालाँकि, संदर्भ को देखते हुए, परिधि का सही अर्थ सीमा प्रतीत होता है। पृथ्वी पर भूमि के सीमा को परिभाषित करने वाले सात समुद्र अधिक अर्थपूर्ण प्रतीत होते हैं।

इस प्रकार, पृथ्वी के निर्माण की प्रक्रिया में, अब भूमि और महासागर बन गए।

मंत्र के अगले भाग में इक्कीस प्रकार के ईंधन के बारे में बताया गया है। दिलचस्प बात यह है कि ऋषि इस मंत्र में इक्कीस (एकोविंशति) शब्द का प्रयोग नहीं करते हैं, लेकिन यह तीन गुणा सात (त्रि:सप्त) शब्द का प्रयोग करते है। इसका मतलब है, भले ही इस यज्ञ में इक्कीस (प्रकार) ईंधनों का इस्तेमाल किया गया था, उन ईंधनों की तीन अलग-अलग श्रेणियां थीं और प्रत्येक श्रेणी में सात प्रकार के ईंधन थे।

इन 21 ईंधनों की व्याख्या करने वाले कई सन्दर्भ हैं,

- बारह महीने + पांच मौसम + तीन क्षेत्र (पृथ्वी, मध्य क्षेत्र और आकाश) + सूर्य
- पांच ज्ञानेन्द्रियाँ + पांच कर्मेन्द्रियाँ + पांच तत्व + पांच प्राण और मन
- पांच इंद्रियां + पांच कर्मेन्द्रियां + पांच परिसंचरण तंत्र + मन + बुद्धि + जागरूकता + अहंकार + धर्म + अधर्म

हालाँकि, ये सन्दर्भ इक्कीस को "त्रि:सप्त" शब्द का उपयोग करनेका कोई स्पष्टीकरण नहीं देते। ये सन्दर्भ स्पष्ट रूप से यह नहीं बताते हैं कि ये इक्कीस पृथ्वी के निर्माण के लिए ईंधन के रूप में कैसे कार्यरत हुए। वैदिक साहित्य में उल्लिखित सात के विभिन्न समूह हैं जो निर्माण की प्रक्रिया का समर्थन कर सकते हैं।

- **सात ईंधनों का पहला समूह** - सूर्य को ऊर्जा का स्रोत और हमारे सौर मंडल के सभी ग्रहों का शासक माना जाता है। सूर्य से किरणों के रूप में ऊर्जा को सात प्रकार के रूप में परिभाषित किया गया है। सूर्य की ये किरणें आज भी पृथ्वी पर जीवन के लिए महत्वपूर्ण हैं। ये सात किरणें सात ईंधनों का एक समुच्चय प्रतीत होती हैं।

- **सात ईंधनों का दूसरा समूह** - सूर्य के साथ-साथ अन्य ग्रहों की विभिन्न शक्तियों के कारण पृथ्वी अंतरिक्ष में "लटकी" है। ये ग्रहों की विभिन्न आकर्षक शक्तियों के साथ-साथ पृथ्वी की गति से उत्पन्न अभिकेन्द्री और अपकेन्द्री बल हैं। ये बल इस प्रकार संतुलन बनाते हैं कि पृथ्वी (साथ ही अन्य ग्रह) अपनी कक्षा में रहें और सूर्य के चारों ओर भ्रमण करते रहें। सात ग्रह हैं जो इन बलों में योगदान करते हैं जो पृथ्वी को अपनी कक्षा में रहने के लिए सहायता करते हैं। ये ग्रह और उनकी ताकतें सात ईंधनों का दूसरा समूह प्रतीत होती हैं।

प्राचीन हिंदू ज्योतिष के अनुसार, सौर मंडल में (पृथ्वी के अलावा) सात ग्रह हैं। ये हैं सूर्य, चंद्रमा, मंगल, बुध, बृहस्पति, शुक्र और शनि। राहु और केतु छाया ग्रह हैं। यद्यपि सूर्य एक तारा है और चंद्रमा एक उपग्रह है; उन्हें इस संदर्भ में ग्रह कहा जाता है।

- **सात ईंधनों का तीसरा समूह** - विश्व में विभिन्न कार्यों के लिए, विभिन्न प्रकार की ऊर्जाएं हैं। मुंडकोपनिषद में अग्नि की सात जीभ या सात प्रकार की ऊर्जाओं का उल्लेख है, काली, कराली, मनोजवा, सुलोहिता, सुधूम्रवर्णा, स्फुलिंगिनी और विश्वरुचि। ये सात भाषाएं आधुनिक विज्ञान द्वारा खोजे गए सात ऊर्जा बैंडों का प्रतिनिधित्व करती हैं।

  - काली सूरज की रोशनी है
  - कराली बिजली है
  - मनोजवा ऊर्जा है जो मन की गति से चलती है
  - सुलोहिता इन्फ्रारेड है
  - सुधूम्रवर्णा उल्ट्रावॉइलेट है
  - स्फुलिंगिनी परमाणु ऊर्जा है
  - विश्वरुचि वह ऊर्जा है, जो विश्व का उपभोग करना पसंद करती है

इन सात ऊर्जाओं की विस्तृत व्याख्या डॉ. पी. वी. वर्तक द्वारा लिखित विभिन्न पुस्तकों और लेखों में पाई जा सकती है।

अथर्ववेद के पहले मंत्र में[1] भी सात के तीन समूहों का उल्लेख है "विश्व में सात के तीन समूह होते हैं"। यह सात के उन्हीं तीन समूहों को संदर्भित करता है जिनकी हमने यहां चर्चा की।

इस प्रकार देवताओं ने यज्ञ किया। इस यज्ञ के लिए पुरुष को स्वयं बलि पशु के रूप में चढ़ाया। इस मंत्र का अंतिम भाग कई तर्क और भ्रांतियाँ निर्माण करता है। कई लोग मानते हैं कि वैदिक अनुष्ठान, यज्ञ के दौरान पशु बलि को बढ़ावा देते हैं या कम से कम अनुमति देते हैं। परंतु यह सही व्याख्या नहीं है। उस यज्ञ का रूप वैसा नहीं था जो आज (अग्नि आदि से) किया जाता है। इसके अलावा, जब यह यज्ञ किया गया

---

[1] ये त्रिषप्ता : परियन्ति विश्वा रूपाणि बिभ्रता : | वाचस्पतिर्बला तेषां तन्वो अद्य दधातु मे ||१||

था तब कोई जीवन निर्माण नहीं हुआ था, इसलिए अभी तक कोई जानवर ही नहीं बना था जिसे बलि किया जा सके। जैसा कि हमने इस संदर्भ में यज्ञ का अर्थ स्पष्ट रूप से देखा, यह परिवर्तन की एक प्रक्रिया थी जिसके माध्यम से पृथ्वी प्रकट हुई। पृथ्वी के प्रकट होने के लिए आवश्यक सामग्री क्या थी? वही पुरुष था। तो, इस मंत्र में कहा गया है कि पुरुष को ही एक ऐसी सामग्री के रूप में इस्तेमाल किया गया था जिसे पृथ्वी के निर्माण के लिए रूपांतरित किया गया था।

'पुरुष का पशु के रूप में बलि' ऐसा अनुवाद गलत प्रतीत होता है। पशु का एक अर्थ आत्मा है। तो, यज्ञ की प्रक्रिया के माध्यम से, आत्मा बनाई गई थी जिसका उपयोग भविष्य में पृथ्वी पर जीवन बनाने के लिए किया जाएगा (जैसा कि हम भविष्य के मंत्रों में देखेंगे)।

मंत्र में अबध्न शब्द का भी प्रयोग किया गया है। अधिकांश विद्वानों ने इस शब्द का अनुवाद 'बंधा हुआ' के रूप में किया है। "बध्न" शब्द का अर्थ "बंधा हुआ" होता है; इसलिए बध्न का विरुद्ध शब्द अबध्न होना चाहिए। उस स्थिति में, पुरुष को पृथ्वी की अभिव्यक्ति के लिए एक सामग्री के रूप में खोल दिया गया था या मुक्त कर दिया गया था।

मंत्र ८: यज्ञ, देव, साध्य और ऋषि

अनुवादः

पहले जन्मे पुरुष को जल छिड़क कर यज्ञ के लिए शुद्ध किया गया। उसी (पुरुष) से देवों, साध्या और ऋषियों (आगे) ने यज्ञ किया।

बहुत विद्वानों ने पारम्परिक दृष्टिकोण से यहाँ दिया गया अनुवाद किया है। विभिन्न कर्मकांडों में उपयोजित शब्द इस मंत्र में भी उपयोजित किये है जिसके कारण भ्रम निर्माण होता है। कर्मकांड संस्कार बहुत बाद में अस्तित्व में आए। इस मंत्र की चर्चा करते हुए स्वयं पृथ्वी की रचना की जा रही है।

कर्मकांडों में बर्हिस् शब्द का अर्थ है विशिष्ट प्रकार की घास से बनी चटाई। घास अभी तक अस्तित्व में नहीं थी, इसलिए बर्हिस् के अन्य अर्थों की खोज की जानी चाहिए। बर्हिस् का एक अर्थ आग है। आग का मतलब पारंपरिक आग नहीं है, लेकिन यह ऊर्जा के एक रूप को इंगित करता है जो गर्मी उत्पन्न करता है। बर्हिस् का अर्थ वह पदार्थ भी है जो विश्व या आकाश को भरता है। प्रौक्षन् का अर्थ है छिड़का हुआ। तो पहली पंक्ति दर्शाती है कि यज्ञ में, जिसका अर्थ है परिवर्तन की प्रक्रिया, पुरुष पर गर्मी या ईथर छिड़का (या मिश्रित किया) गया था।

पुरुष शब्द के बार-बार उपयोग से भ्रम की स्थिति पैदा हो सकती है, लेकिन हमें बस यह समझने की जरूरत है कि पुरुष स्वयं परिवर्तन की प्रक्रिया से गुजर रहा था। प्रारंभ से ही सब कुछ पुरुष ही है। इस पूरे सूक्त में पुरुष शब्द का प्रयोग विभिन्न मध्यवर्ती अवस्थाओं के लिए भी किया गया है ।

ज्येष्ठ पुरुष से देवों, साध्यों और ऋषियों ने (अयजयन्त) पूजा की या यज्ञ जारी रखा।

किसी भी गतिविधि को करने के लिए, कर्ता होने चाहिए। ये कर्ता देवता थे और आवश्यक सामग्री पुरुष थी। यदि सबसे पहले जन्म लेने वाले पुरुष थे, तो देव, साध्य और ऋषि कौन हैं?

फिर, इन शब्दों की व्याख्या यहाँ सही संदर्भ में की जानी चाहिए। जैसा कि हम पहले ही चर्चा कर चुके हैं, देवों का अर्थ है चमकने वाले और ऊर्जाएं। साध्य और ऋषि देवों के दो वर्ग कहे गए हैं।

साध्य शब्द साध से आया है जिसका अर्थ है सिद्धि। साध्य का अर्थ है कुछ ऐसा जिसे पूरा किया जाना है, एक लक्ष्य या एक उद्देश्य। जो ऊर्जा लक्ष्य को प्राप्त करने में मदद करती है उसे भी साध्य कहा जाता है। तो साध्य वह ऊर्जा है जिसने लक्ष्य को पूरा करने के लिए यज्ञ (रूपांतरण की प्रक्रिया) में योगदान दिया। कहा जाता है कि साध्य पृथ्वी के ऊपर और आकाश के नीचे निवास करते हैं। विभिन्न ग्रंथों ने साध्य के लिए विभिन्न अर्थ दिए हैं,

- निरुक्त ने साध्य को सूर्य की किरणों के रूप में परिभाषित किया है

- शतपथ ब्राह्मण ने कहा है कि साध्य प्राण हैं जो शुरुआत में ही सृजन में सहायक थे

- वायु पुराण ऊर्जा के समूह (देवों) को साध्य के रूप में परिभाषित करता है

- धारणा के पांच अंगों (ज्ञानेंद्रियों) को साध्य भी कहा जाता है क्योंकि किसी भी लक्ष्य को पूरा करने के लिए मनुष्यों के लिए इनकी आवश्यकता होती है

साधारणतः ऋषि शब्द साधू या महात्मा के सन्दर्भ में सम्मत है। परन्तु, यहाँ ऋषि शब्द का प्रयोग देवों या ऊर्जाओं के वर्गों में से एक के रूप में किया जाता है। इसे सौर प्रकृति में कार्यों को पूरा करने वाला भी माना जाता है। ऋषि साध्य के समान हैं, हालांकि कुछ ग्रंथों में 10^{-93} मीटर आकार के सूक्ष्म कणों को ऋषि सम्बोधित किया गया है। तो, ये आधुनिक विज्ञान द्वारा पहचाने गए उप-परमाणु (sub-automic) कण हैं। ये कण या ऋषि क्रियाओं के परिणाम प्राप्त करने के लिए ताप (तपस) के माध्यम से ऊर्जा या साध्य का लाभ उठाते हैं।

इस प्रकार सरल शब्दों में, देव, साध्य और ऋषिओने, प्रथम पुरुष को पृथ्वी की निर्मिति के लिए आगे बढ़ाया (परिवर्तित किया)।

मंत्र ९: पृथ्वी पर प्रारंभिक जीवन

अनुवादः

इस यज्ञ में सब कुछ अर्पण किया, जिससे जल और अन्य भोजन बना। उसके बाद सभी जानवर, पक्षी, जंगली और पालतू जानवर, निर्माण हुए।

विवरण

जैसे-जैसे परिवर्तन की प्रक्रिया (यज्ञ) जारी रही, जो कुछ भी उपलब्ध था (सर्व) बलिदान किया गया। उसी से जल (पृषद) और अन्न (आज्य) उत्पन्न हुआ। जैसा कि इस मंत्र में बताया गया है, पहले जल की उत्पत्ति हुई, तत्पश्चात सभी आवश्यक पोषक तत्वों और वनस्पति सहित भोजन का निर्माण हुआ।

आज्य का अर्थ आम तौर पर मक्खन या घी होता है, लेकिन इस संदर्भ में, यह घी नहीं है, बल्कि यह वह भोजन है जो जानवरों (मानव जाति सहित) के पोषण और अस्तित्व के लिए आवश्यक होगा।

कुछ ग्रंथों में कहा गया है कि यज्ञ जल और पौधों के रूप में भोजन उत्पन्न करता है। भोजन के इन दोनों रूपों में आवश्यक पदार्थ को अग्नि में डालने के लिए "आज्य" के रूप में वर्णित किया गया है, जो सभी जीवन का स्रोत और आधार बन जाता है। पृथ्वी और आकाश के पोषण के लिए आवश्यक पदार्थ को भी आज्य कहा जाता है। पृषदाज्य सभी प्रकार के भोजन को इंगित करता है जो शुरू में बनाया गया था।

उसके बाद पक्षियों, जंगली जानवरों और पालतू जानवरों सहित सभी जानवरों का निर्माण किया गया। यह क्रम महत्वपूर्ण है। वनस्पति के लिए पानी की आवश्यकता होती है और सभी जानवरों के जीवित रहने के लिए पानी के साथ-साथ भोजन(वनस्पति) की भी आवश्यकता होती है।

निर्माण कए गए सब जीव इन पक्षि, जंगली जानवर और पालतू जानवरों गटों में सम्मिलित है। मनुष्य यहाँ पालतू पशुओं (ग्राम्या) का हिस्सा हैं।

अगले दो मंत्र आगे विस्तार से बताते हैं कि यह प्रक्रिया कैसे काम करती है।

मंत्र १०: वेदों का ज्ञान

अनुवाद

उस सर्वहुत यज्ञ (जिस यज्ञ में सब कुछ अर्पित किया गया था) से ऋग्वेद और सामवेद की उत्पत्ति हुई।

उसी से विभिन्न छंद भी बनाए गए। उस यज्ञ से यजुर्वेद की उत्पत्ति हुई।

विवरण

इस मंत्र को समझना कभी-कभी कठिन होता है। यह समझना कठिन है कि विश्व की रचना के साथ-साथ वेद जैसे ग्रंथों की रचना कैसे हुई। जैसे हमने इस पुस्तक के परिचय में पढ़ा है की वेदों को अपौरुषेय कहा गया है। मतलब वो किसी मनुष्य द्वारा रचित नहीं है। वैदिक युग में ऋषियों का दावा है कि ये वेद विश्व में मौजूद हैं। इन ऋषियों ने इन वैश्विक ध्वनियों को सुनने और उन्हें प्रकट करने की क्षमता हासिल कर ली। यह मंत्र उसी अवधारणा को बताता है कि विश्व की अभिव्यक्ति के दौरान वेदों की रचना की गई थी। बाद में ऋषियों ने उन्हें सुना और प्रकट किया।

यह मंत्र "तस्मात्" शब्द के माध्यम से अनुक्रम को भी इंगित करता है। पहले यज्ञ किया गया, फिर ऋग्वेद और सामवेद आए, फिर छंद (या अथर्ववेद) आए और फिर यजुर्वेद आए।

इस मंत्र में अथर्ववेद का स्पष्ट उल्लेख नहीं है। शास्त्र कहते हैं कि पहले एक वेद था जो था अथर्ववेद। अथर्ववेद से तीन और वेद उत्पन्न हुए। उसके बाद पहला अथर्ववेद भी अस्तित्व में था। तीन वेदों के इस संग्रह को वेदत्रयी (वेदत्रयी) कहा जाता है। पहला वेद, अथर्ववेद, वेदत्रयी में शामिल है।

मंत्र ११: सहायक वातावरण का निर्माण

अनुवाद

उसी से (यज्ञ) घोड़े उत्पन्न हुए, दाँतों की दो पंक्तियों वाले पशु उत्पन्न हुए, गाय और बकरियाँ उत्पन्न हुईं।

विवरण

पहली बार पढ़ने पर यह मंत्र नौवें मंत्र की पुनरावृत्ति लगाती है। अर्थात, इन कृतियों के उल्लेख के पीछे कोई और महत्व रहा होगा। घोड़ों, गायों और बकरियों के शब्दों का यहाँ कुछ अलग अर्थ होना चाहिए। पिछला मंत्र भाषण या ध्वनियों के बारे में बात करता है जो वेदों और छंदों के रूप में बनाए गए थे। यह मंत्र उसी की निरंतरता होना चाहिए।

शतपथ ब्राह्मण में उल्लेख है कि प्रजापति का बोधगम्य अंग (आशु) गिर गया और आकार में बढ़ गया। आशु से उत्पन्न यह अश्व कहलाता है। अतः इस सन्दर्भ से अश्व का अर्थ में घोडा नहीं है।

आधुनिक विज्ञान में, इस बारे में सिद्धांत हैं कि मानव जीवन स्टारडस्ट (star dust) या ब्रह्मांडीय धूल (cosmic dust) से कैसे आया। पृथ्वी पर गिरने वाले आशु से पैदा हुए इस अश्व और पृथ्वी पर मानव जीवन ले जाने वाली ब्रह्मांडीय धूल के बीच समानता का पता लगाना दिलचस्प होगा।

इन शब्दों के अन्य अर्थों में शामिल हैं,

- अश्व का अर्थ सूर्य भी है
- गाव का अर्थ है पृथ्वी
- अज वर्षा जल का भी नाम है
- उभयदता मध्य क्षेत्र या आकाश है

यह मंत्र वर्षा की सुविधा के लिए स्थापित यंत्रणा का प्रतीक होना चाहिए। सूर्य (मरुत की सहायता से) मध्य क्षेत्र में उपलब्ध जल का उपयोग करके पृथ्वी पर वर्षा करता है। इसका अर्थ यंत्रणा की एक श्रृंखला का निर्माण भी हो सकता है जो पृथ्वी पर विभिन्न जीवों के पोषण के लिए जिम्मेदार हैं।

पृथ्वी पर जीवन का पोषण करने के लिए मध्य क्षेत्र का निर्माण किया गया और सूर्य की किरणों की सहायता से यह मध्य क्षेत्र (और मध्य क्षेत्र में बादल) वर्षा की सुविधा प्रदान करता है।

मंत्र १२: पुरुष का अवतार

अनुवाद

जब उन्होंने (देवों ने) उस पुरुष को (यज्ञ में बलि देकर) विभाजित किया, तो उन्होंने उसे कितने तरीकों से विभाजित किया? उन्होंने क्या कल्पना की (उसके रूपांतरण के लिए)? उसके मुख, हाथ, जाँघ और पैर अब क्या कहलाते हैं?

विवरण

यह मंत्र एक प्रश्न के रूप में है। इस मंत्र में पुरुष को मानव रूप में व्यक्त किया जाता है और उसके शरीर के विभिन्न भागों के (बलिदान या परिवर्तन के बाद) परिणामी रूपों के बारे में प्रश्न पूछा जाता है।

प्रकृति की विभिन्न शक्तियों का व्यक्ति स्वरुप चित्रण मनुष्य की सामान्य प्रवृत्ति है। यह आम लोगों को विश्व की विभिन्न शक्तियों और ऊर्जाओं को दृश्य रूप से देखने और समझने में सहायता करता है। दृश्य रूप आम लोगों को (ब्रह्मन् या पुरुष से जुड़े) निराकार पहलुओं से संबंधित, विश्वास करने और समझने में मदद करता है।

यह आपने हजारों सिर वाले पुरुष कुछ चित्रों में देखा होगा। कई कलाकारों ने भगवान कृष्ण के विश्वरूप के चित्र बनाए हैं। ऐसे कई उदाहरण हैं।

प्रश्न पूछा गया है कि देवताओं ने पुरुष को विभाजित करने के लिए कितने तरीकों की कल्पना की थी? उसके मुँह (सिर) से क्या निकला? हाथ क्या बन गए? उसकी जाँघों और पैरों का क्या हुआ?

जबकि यह मंत्र पुरुष को व्यक्त करता प्रतीत होता है, इसका उद्देश्य मानव जीवन और मानव परिवेश के विभिन्न पहलुओं को समझना है।

मंत्र १३: सामाजिक संरचना का वर्णन

अनुवाद

उनके मुख से ब्राह्मण बने, उनकी भुजाओं से राजन्य (या क्षत्रिय) बने, जाँघ वैश्य बने और उनके पैरों से शूद्र उत्पन्न हुए।

विवरण

इस मंत्र ने बहुत सारी आलोचना और भ्रम पैदा किये है। चूंकि इस मंत्र में चार वर्णों का उल्लेख आता है, कई लोगों ने आलोचना की है कि वर्ण व्यवस्था का वर्णन स्वयं वेदों में किया गया था। वर्ण व्यवस्था बाद में जाति व्यवस्था के साथ भ्रमित हो गई और टीकाकारोंका प्रिय लक्ष्य बन गई। मैंने इस पुस्तक के परिशिष्ट २ में वर्ण व्यवस्था के बारे में विवरण किया है। हम यहां इस मंत्र के अर्थ को समझने पर ध्यान देंगे।

शाब्दिक अर्थ बहुत सरल है। ऋषि समझा रहे हैं कि पुरुष का मुख ब्राह्मण बना या जो ज्ञान प्राप्त करने पर ध्यान केंद्रित करते हैं और समाज के बौद्धिक विकास की दिशा में काम करते हैं। क्षत्रिय या वे जो समाज को शारीरिक शक्ति, सुरक्षा और अनुशासन प्रदान करने पर ध्यान केंद्रित करते हैं। वैश्य वे हैं जो समाज के लिए व्यवसायों और व्यापारों पर ध्यान केंद्रित करते हैं। शूद्र वे हैं जो समाज को सेवाएं प्रदान करने पर ध्यान केंद्रित करते हैं।

वर्णव्यवस्था पूरे विश्व में मौजूद हैं। सभी दार्शनिक, आध्यात्मिक, वैज्ञानिक, शिक्षक आदि ब्राह्मण हैं। पुलिस, सिपाही आदि वर्ण से क्षत्रिय हैं। व्यापारी, किसान, उद्योगपति आदि वैश्य हैं। सभी कार्यकर्ता शूद्र हैं।

इस मंत्र के संदर्भ में, पृथ्वी के निर्माण के दौरान, चार कार्यों का निर्माण (या स्थापित) किया गया था, जो समाज के गठन और कामकाज के लिए महत्वपूर्ण हैं।

मुंह (सिर) ज्ञान का प्रतिनिधित्व करता है, इसलिए ज्ञान और बुद्धि के लिए जिम्मेदार कार्य पुरुष के सिर और मुंह से जुड़े हुए हैं। शारीरिक शक्ति का प्रतिनिधित्व हाथों द्वारा किया जाता है, इसलिए शक्ति का प्रतिनिधित्व करने वाली कार्यक्षमता, जो अस्तित्व और सुरक्षा के लिए आवश्यक है, पुरुष की भुजाओं से जुड़ी हुई है। जांघें धन का प्रतिनिधित्व करती हैं, इसलिए धन संचय की प्रवृत्ति पुरुष की जांघों से जुड़ी हुई है। सेवा और श्रम पैरों से जुड़ा हुआ है, इसलिए पुरुष के पैरों से जुड़ा हुआ है।

ये चार कार्य समाज के लिए नहीं हैं बल्कि किसी व्यक्ति पर भी लागू होते हैं। प्रत्येक व्यक्ति में ज्ञान प्राप्त करने की क्षमता होनी चाहिए, जो पुरुष के मुख से निकले ब्राह्मण गुण का प्रतिनिधित्व करती है। जीवित रहने के लिए सभी को शारीरिक शक्ति और स्वयं की रक्षा करने की क्षमता की आवश्यकता होती है, जो

कि पुरुष की बाहों से आए क्षत्रिय गुण द्वारा दर्शाया गया है। वैश्य गुण धन अर्जित करने की क्षमता का प्रतिनिधित्व करता है। धन केवल भौतिक धन नहीं है, बल्कि जीवित रहने के लिए भोजन प्राप्त करने और संग्रहीत करने की क्षमता भी है। अतिरिक्त भोजन का संचय जांघों से जुड़ा होता है, इसलिए वैश्य गुण पुरुष की जांघों से आते हैं। शूद्र प्रवृत्तियाँ सतर्क रहने और सेवा के लिए उपलब्ध रहने की इच्छा का प्रतिनिधित्व करती हैं। इन प्रवृत्तियों की आवश्यकता इधर-उधर घूमने, विभिन्न परिस्थितियों में प्रतिक्रिया करने आदि के लिए होती है।

जैसे-जैसे मानवजाति का निर्माण हो रहा था, ये गुण प्रत्येक मनुष्य में समाये हुए थे, ठीक वैसे ही जैसे पुरुष में स्वयं ये चार गुण थे।

हम इन कार्यों को न केवल मनुष्यों में, बल्कि प्रत्येक जीव में आसानी से देख सकते हैं।

बुद्धि को शारीरिक शक्ति से अधिक महत्वपूर्ण माना जाता है, और आत्मकेंद्रित कार्य की तुलना में सामाजिक कार्य को अधिक सम्मान दिया जाता है। इसलिए ब्राह्मणों को अन्य वर्णों की तुलना में अधिक सम्मानित किया जाता है। अगले सम्मानित क्षत्रिय हैं। उन्हें कठिन परिस्थितियों में ब्राह्मणों से परामर्श करना पड़ता था।

बहुत से लोग शूद्र शब्द को समान लगने वाले शब्द क्षुद्र से भ्रमित करते हैं। क्षुद्र का अर्थ है महत्वहीन या बेकार। इससे यह भ्रान्ति भी पैदा हुई है कि भारतीय संस्कृति शूद्रों को समाज में कम महत्व या बेकार मानती है। यह स्पष्ट रूप से ऐसा नहीं है। कोई भी समाज चार कार्यों के सामंजस्य के बिना कार्य या फल-फूल नहीं सकता है।

मंत्र १४: अन्य जीवन सहायक तंत्र - १

अनुवाद

चन्द्रमा (उनके) मन से, सूर्य (उनकी) आंखों से इंद्र और अग्नि (उनके) मुंह से और हवा (उनकी) सांस से पैदा हुई।

विवरण

यह श्लोक पिछले एक की निरंतरता है जो बताता है कि पुरुष के अन्य भागों से अन्य कार्यों का निर्माण किया गया। ये कार्य पृथ्वी पर जीवन के लिए आवश्यक हैं।

उनके मन से चन्द्रमा की उत्पत्ति हुई। चंद्रमा और मन का गहरा संबंध है। कई संस्कृतियों ने मानव मन पर चंद्र के प्रभाव का वर्णन किया है। चन्द्रमा को मन से जोड़ने के कई कारण हैं,

- जैसे चंद्रमा जैसे उतार-चढाव से गुजरता है, वैसे ही मानव का मन भी करता है। मनुष्य का मन (मनोदशा) चंद्रमा की तरह ही बदलती रहती है।
- चंद्रमा मानव मन को आकर्षित करता है। रात में चांद को देखकर हर कोई खुश होता है।

उनकी आंखों से सूर्य का जन्म हुआ था। आँखों के दो कार्य हैं, एक है दृष्टि (देखना) और दूसरा है चमक (ऊर्जा)। हम केवल प्रकाश की उपस्थिति में आंखों से देख सकते हैं और सूर्य प्रकाश का प्राथमिक स्रोत है। सूर्य के साथ, "देखने" का तंत्र (या क्षमता) स्थापित की गयी। सूर्य पहले से ही बनाया गया था, इसलिए यह श्लोक स्वयं सूर्य के बारे में बात नहीं करता है, बल्कि यह देखने की क्षमता का वर्णन करता है। सूर्य चमक देता है; इसलिए सृष्टि की प्रक्रिया में आंखें सूर्य के समान हैं।

मुख से इंद्र और अग्नि उत्पन्न हुए। इंद्र देवताओं के राजा हैं और अग्नि आग के देवता हैं। मुंह शायद मानव शरीर का सबसे शक्तिशाली अंग है। खाने के कार्य के अलावा, इसमें कुछ भी हासिल करने की सबसे अधिक शक्ति होती है। जब कोई बहुत प्रेरक भाषण देता है, तो हम कहते हैं कि उसने दर्शकों में आग जलाई। जब कोई पीठ पीछे दूसरों के बारे में बात करता है और झगड़े का कारण बनता है, तो हम कहते हैं कि वह लोगों के बीच आग लगा रहा है। मुंह से जो शब्द निकलते हैं उनमें आग जैसी जलाने की क्षमता होती है (शाब्दिक अर्थ में नहीं)। शब्दों (वाक् कौशल) के साथ व्यक्ति जबरदस्त शक्ति प्राप्त कर सकता है। इसलिए शक्ति (इंद्र) और आग (अग्नि) का संबंध मुख से है। इंद्र शब्द के कई अर्थ हैं जो सभी वर्चस्व या शक्ति का संकेत देते हैं। चूंकि सभी भौतिक अंगों को ऊर्जा और शक्ति की आवश्यकता होती है, इसलिए इंद्र को ऐसे अंगों (इंद्रियों) की देवता कहा जाता है

प्राण श्वास है। बेशक, हमें सांस लेने के लिए हवा (वायु) की जरूरत होती है। तो, पुरुष की सांस से वायु का निर्माण हुआ।

यह श्लोक जीवित रहने के लिए आवश्यक कार्यों का वर्णन करता है। पुरुष ने पृथ्वी पर जीवन के निर्माण और अस्तित्व को सुनिश्चित करने के लिए इन कार्यों और संबंधित सामग्रियों का निर्माण किया।

मंत्र १५: अन्य जीवन सहायक तंत्र - 2

अनुवाद

(उनकी) नाभि से मध्य-क्षेत्र, (उनके) सिर से आकाश, (उनके) पैरों से पृथ्वी, और उनके कानों से दिशाएँ।
इस तरह सब कुछ प्रकट हो गया।

विवरण

यदि आप किसी व्यक्ति के खड़े होने की कल्पना करते हैं, तो उसके पैर जमीन (पृथ्वी) पर होंगे, नाभि मध्य में और सिर ऊपर आकाश में होगा। यह इस मंत्र में प्रयुक्त प्रतीकवाद है। पिछले मंत्र की तरह, हम इस श्लोक में प्रयुक्त प्रतीकवाद की खोज करेंगे।

नाभि पोषण का भी प्रतिनिधित्व करती है। वैदिक साहित्य में विष्णु की नाभि से ब्रह्मा (निर्माता) का प्रतीकात्मक वर्णन है और फिर उन्होंने (ब्रह्मा) ने आगे सब कुछ बनाया। अन्तरिक्ष या पर्यावरण है। अन्तरिक्ष सूर्य के प्रकाश, वर्षा, वायु आदि को पृथ्वी पर ले जाकर पोषण प्रदान करता है। पृथ्वी पर जीवन के लिए महत्वपूर्ण जरूरतों और पोषण की उचित आपूर्ति सुनिश्चित करने के लिए इस कार्यक्षमता की स्थापना की गई।

द्यौ शब्द मूल शब्द दिवि से आया है जो चमक या प्रकाश को इंगित करता है। जैसा कि हमने पहले देखा है, देव शब्द भी दिवि शब्द से लिया गया है। यह उच्च क्षेत्र है जिसे स्वर्ग भी कहा जाता है। जब हम किसी व्यक्ति के उज्ज्वल होने की बात करते हैं, तो यह आमतौर पर उसकी बुद्धिमत्ता को दर्शाता है। बुद्धि सिर का कार्य है। इसलिए मंत्र में कहा गया है कि चमक, बुद्धि और ऐसे गुण सिर के माध्यम से दिए गए थे।

हम पृथ्वी पर अपने पैर रखकर पृथ्वी की उपस्थिति का अनुभव करते हैं। चलना, दौड़ना आदि कार्य पृथ्वी के कारण ही संभव हैं। इसलिए मंत्र कहता है कि पृथ्वी (या पृथ्वी की उपस्थिति और उपयोग की भावना) पैरों से आई है। हम आकर्षक बल या गुरुत्वाकर्षण के कारण भी पृथ्वी की उपस्थिति महसूस करते हैं। यह संभव है कि ऋषि प्रक्रिया के हिस्से के रूप में गुरुत्वाकर्षण का उल्लेख कर रहे हों।

भागवत पुराण में बताया गया है कि कैसे दो कान ध्वनि और दिशाओं का ज्ञान प्राप्त करने के लिए विकसित होते हैं। दो अलग-अलग कार्यों को स्पष्ट रूप से कानों के साथ जोड़ा गया है। आधुनिक विज्ञान द्वारा बाद में यह सिद्ध किया गया है कि कानों में स्थित यंत्रणा हमें दिशाओं को पहचानने में मदद करती है। यहां दिशाओं का संदर्भ पूर्व, पश्चिम, दक्षिण और उत्तर नहीं है, बल्कि यह एक व्यक्ति के सापेक्ष है। तो दिशाएँ आगे, पीछे, बाएँ और दाएँ कानों द्वारा स्थापित की जाती हैं।

दिशाओं के नाम भी इसी तर्क से दिए गए हैं। निर्देशों के नामकरण के लिए कृपया परिशिष्ट देखें।

इसी यंत्रणा के माध्यम से, हम दिशा तय करने के लिए दोनों कानों द्वारा प्राप्त ध्वनि की तीव्रता को अलग करने की क्षमता हासिल करते हैं। इसलिए मंत्र कहता है कि दिशाओं (या दिशाओं की भावना) का जन्म कानों से होता है।

इस प्रकार, सभी सहायक तंत्रों के साथ संपूर्ण सृष्टि की स्थापना की गई।

मंत्र १६: पुनर्कथन

अनुवाद

देवताओं (जो प्रकृति की महत्वपूर्ण ऊर्जा हैं) ने स्वयं यज्ञ किया। यह (यज्ञ) सबसे पहला और सबसे महत्वपूर्ण कार्य था। जो लोग इस तरह से पुरुष की पूजा करते हैं, वे सर्वोच्च स्थान प्राप्त करते हैं, जहां प्राचीन उपासक, देव और साध्य रहते हैं।

विवरण

हम यज्ञ को परिवर्तन की प्रक्रिया के रूप में समझते हैं। एक यज्ञ को दूसरे यज्ञ द्वारा समर्थित किया जाता है और यह प्रक्रिया हमेशा के लिए चलती रहती है। जल चक्र, भोजन का चक्र आदि यज्ञों की चक्रीय प्रकृति के सरल उदाहरण हैं। यह यज्ञ करने की क्रिया और कुछ नहीं बल्कि पूजा का एक रूप है।

हम जानते हैं कि देवता प्रतिभा या ज्ञान का प्रतिनिधित्व करते हैं। साध्य का अर्थ है सिद्धि, इसलिए साध्य कुछ हासिल करने की कृती का संकेत देता है। साध्या और देव एक साथ यज्ञ को ज्ञान और क्रिया पर आधारित एक संयुक्त पहल के रूप में सुझाते हैं।

साध्या का अर्थ है एक लक्ष्य या एक उद्देश्य। साध्य का अर्थ यह भी है कि ऊर्जा जो लक्ष्य को प्राप्त करने में मदद करती है। तो साध्य और कुछ नहीं बल्कि वह ऊर्जा है जिसने लक्ष्य को पूरा करने के लिए यज्ञ में योगदान दिया। कहा जाता है कि साध्य पृथ्वी के ऊपर और आकाश के नीचे निवास करते हैं। विभिन्न ग्रंथों ने साध्य के लिए विभिन्न अर्थ दिए हैं।

मन्त्र में यह भी कहा गया है कि जो इस प्रकार पुरुष की पूजा करते हैं, वे सर्वोच्च लोक को प्राप्त करते हैं। यहाँ मन्त्र मूल रूप से यज्ञ की चक्रीय प्रकृति को समझ रहा है जो प्रकृति के अलावा और कुछ नहीं है। जो प्रकृति को समझता है, प्रकृति की प्रक्रियाओं को समझता है, प्रकृति का सम्मान करता है और उसकी रक्षा करता है, वह वास्तव में एक सर्वोच्च व्यक्ति है।

निष्कर्ष

पुरुष सूक्त पूरी प्रक्रिया और उस क्रम का वर्णन करता है जिसमें ब्रह्मांड प्रकट हुआ। इसमें यह भी बताया गया है कि पृथ्वी का निर्माण कैसे हुआ और पृथ्वी पर जीवन को स्थापित करने, बनाए रखने और विकसित करने के लिए विभिन्न व्यवस्थाएं कैसे की गईं।

कई आधुनिक सिद्धांतों में दिए गए विवरण वैदिक शास्त्रों में वर्णित ब्रह्मांड के निर्माण या अभिव्यक्ति की अवधारणाओं से मेल खाते हैं।

यह सोचना जिज्ञासापूर्ण है कि प्राचीन ऋषि जिनके पास तथाकथित 'आधुनिक उपकरण' नहीं थे, वे इतनी सटीक रूप से इतनी सारी अवधारणाओं का अध्ययन कैसे कर सकते थे। निस्संदेह इससे हमें यह विश्वास करने में मदद मिलती है कि आज हम जो देखते हैं, उससे कहीं अधिक वैदिक युग में विज्ञान विकास हुआ था।

वेद वास्तव में ज्ञान के सागर हैं, और हम कई और ग्रंथों का विश्लेषण करने के अपने अभियान को जारी रखेंगे।

प्रणाम।

परिशिष्ट १ - पुरुष सूक्त का पाठ

सहस्रशीर्षा पुरुषः । सहस्राक्षः सहस्रपात् ।

स भूमिं विश्वतो वृत्वा । अत्यंतिष्ठद्दशाङ्गुलम् ॥१॥

पुरुष एवेदं सर्वम् । यद्भूतं यच्च भव्यम् ।

उतामृतत्वस्येशानः । यदन्नेनातिरोहति ॥२॥

एतावानस्य महिमा । अतो ज्यायाग्ंश्च पूरुषः ।

पादोऽस्य विश्वा भूतानि । त्रिपादस्यामृतं दिवि ॥३॥

त्रिपादूर्ध्व उदैत्पुरुषः । पादोऽस्येहाऽभवात्पुनः ।

ततो विष्वण्-व्यक्रामत् । साशनानशने अभि ॥४॥

तस्माद्विराडजायत । विराजो अधि पूरुषः ।

स जातो अत्यरिच्यत । पश्चाद्-भूमिमथो पुरः ॥५॥

यत्पुरुषेण हविषा । देवा यज्ञमतन्वत ।

वसन्तो अस्यासीदाज्यम् । ग्रीष्म इध्मश्शरध्धविः ॥६॥

सप्तास्यासन्-परिधयः । त्रिः सप्त समिधः कृताः ।

देवा यद्यज्ञं तन्वानाः । अबध्नन्-पुरुषं पशुम् ॥७॥

तं यज्ञं बर्हिषि प्रौक्षन् । पुरुषं जातमग्रतः ।

तेन देवा अयजन्त । साध्या ऋषयश्च ये ॥८॥

तस्मोद्यज्ञात्-सर्वहुतः । सम्भृतं पृषदाज्यम् ।

पशूग्-स्ताग्श्चक्रे वायव्यान् । आरण्यान्-ग्राम्याश्च ये ॥९॥

तस्मोद्यज्ञात्सर्वहुतः । ऋचः सामानि जज्ञिरे ।

छन्दाग्ंसि जज्ञिरे तस्मात् । यजुस्तस्मादजायत ॥१०॥

तस्मादश्वा अजायन्त । ये के चोभयादंतः ।

गावो ह जज्ञिरे तस्मात् । तस्मोज्जाता अजावयः ॥११॥

यत्पुरुषं व्यदधुः । कतिथा व्यकल्पयन् ।

मुखं किमस्य कौ बाहू । कावूरू पादावुच्येते ॥१२॥

ब्राह्मणोऽस्य मुखमासीत् । बाहू राजन्यः कृतः ।

ऊरू तदस्य यद्वैश्यः । पद्भ्याग्ं शूद्रो अजायतः ॥१३॥

चन्द्रमा मनसो जातः । चक्षोः सूर्यो अजायत ।

मुखादिन्द्रश्चाग्निश्च । प्राणाद्वायुरजायत ॥१४॥

नाभ्या आसीदन्तरिक्षम् । शीर्ष्णो द्यौः समवर्तत ।

पद्भ्यां भूमिर्दिशः श्रोत्रात् । तथा लोकाग्ं अकल्पयन् ॥१५॥

यज्ञेन यज्ञमयजन्त देवाः । तानि धर्माणि प्रथमान्यासन् ।

ते ह नाकं महिमानः सचन्ते । यत्र पूर्वे साध्यास्सन्ति देवाः ॥१६॥

ॐ शान्तिः शान्तिः शान्तिः ॥

परिशिष्ट २ - वर्ण व्यवस्था

वर्ण व्यवस्था को लेकर बहुत से भ्रम और भ्रांति है। जैसे-जैसे समाज विकसित हुआ, वर्ण व्यवस्था जाति व्यवस्था के साथ भ्रमित हो गई। जाति व्यवस्था जन्म पर आधारित है, वर्ण व्यवस्था किसी भी व्यक्ति के गुणों और व्यवसाय पर आधारित है।

ब्राह्मण, क्षत्रिय, वैश्य और शूद्र प्राकृतिक सामाजिक विभाजन हैं। वास्तव में, वर्णाश्रम-धर्म के अनुसार सभी का एक निर्धारित कर्तव्य है। जो लोग अपने निर्धारित कर्तव्यों को ठीक से करते हैं वे शांति से रहते हैं और भौतिक परिस्थितियों से परेशान नहीं होते हैं।

भगवद्गीता में श्रीकृष्ण कहते हैं,

चातुर्वर्ण्यं मया सृष्टं गुणकर्मविभागशः |
तस्य कर्तारमपि मां विद्ध्यकर्तारमव्ययम् || ४-१३||

अर्थात्, मेरे द्वारा लोगों के गुणों और निर्धारित कर्तव्यों के अनुसार चार वर्णों का निर्माण किया गया था। यद्यपि मैंने इस प्रणाली को बनाया है, यह जान लें कि मैं शाश्वत हूं, और मैं कोई कर्म नहीं करता हूं।

शास्त्र स्पष्ट रूप से कहते हैं कि हर कोई जन्म से शूद्र है और अर्जित शिक्षा के आधार पर अन्य वर्ण प्राप्त कर सकता है। वर्ण व्यवस्था में चार वर्णों के लिए प्रयुक्त शब्द स्पष्ट रूप से परिभाषित करते हैं कि वर्ण क्या दर्शाता है,

- **ब्राह्मण:** ब्राह्मण शब्द ब्रह्म + रमण से बना है। ब्रह्म का अर्थ है सर्वोच्च सत्य या सर्वोच्च ज्ञान। पुरुष के समान ही जिसकी चर्चा हमने इस पुस्तक में की है। रमण आनंद का संकेत देता है। जो परम ज्ञान को समझने में आनंद पाता है, उसे ब्राह्मण कहा जाता है। यह अधिक प्रतिभा या बुद्धि से प्रेरित व्यक्तियों को इंगित करता है।

वर्तमान सामाजिक संरचना में शिक्षकों, पुजारियों आदि जैसे व्यवसायों को ब्राह्मणों के रूप में वर्गीकृत किया जा सकता है।

- **क्षत्रिय:** क्षत्रिय शब्द भी दो शब्दों से बना है, क्षत + त्रायते। क्षत का अर्थ है नुकसान, चोट या विनाश। त्रायते सुरक्षा या रक्षा को इंगित करता है। तो समाज को विनाश से बचाने वाला क्षत्रिय है। ये अधिक शारीरिक शक्ति वाले लोग हैं। युद्ध जैसी विपत्तिपूर्ण स्थितियों के दौरान, क्षत्रिय समाज को सुरक्षा प्रदान करते हैं जबकि सामान्य परिस्थितियों में वे समाज में न्याय, विधि नियम और शांति की सुविधा प्रदान करते हैं।

  पुराने दिनों में, राजा और उसकी सेना पर समाज की रक्षा करने की जिम्मेदारी थी। इसलिए राजा और समाज की रक्षा करने वाली उसकी सेनाएँ राजन्य कहलाती हैं। पुरुष सूक्त में क्षत्रियों को राजन्य कहाँ गया है ।

  वर्तमान सामाजिक संरचना में, जैसे कि सैनिक, पुलिस, सुरक्षा पेशेवर आदि व्यवसायों को क्षत्रियों के रूप में वर्गीकृत किया जा सकता है।

- **वैश्य:** वैश्य वर्ण व्यापारियों और व्यवसायी लोगों का प्रतिनिधित्व करता है, जिसमें किसान, व्यापारी, व्यवसाय के मालिक आदि शामिल हैं। वैश्य कृषि विधियों द्वारा भोजन का उत्पादन करने, गायों और अन्य जानवरों की रक्षा करने और अन्य व्यवसायों में संलग्न होने के लिए जिम्मेदार हैं।

- **शूद्र:** शूद्र शब्द दो शब्दों शुच+द्रावती से बना है, जिसका अर्थ है दुख या दुख में पिघल जाने वाला। इसका वास्तव में अर्थ है वह जो हमेशा अपने दुख को दूर करने में लगा रहता है या कोई ऐसा व्यक्ति जो भौतिक सुखों में लिप्त रहना पसंद करता है।

मंत्र 13 में चर्चा की गई, ये वर्ण या वर्गीकरण शक्ति के प्रकार और उस शक्ति के उपयोग पर आधारित हैं।

- ब्राह्मण समाज के सशक्तिकरण के लिए बुद्धि प्रदान करते हैं
- क्षत्रिय समाज के सशक्तिकरण के लिए शक्ति प्रदान करते हैं
- वैश्य अपनी बुद्धि का उपयोग समाज की सेवा के लिए करते हैं
- शूद्र अपनी ताकत का उपयोग समाज की सेवा के लिए करते हैं

कई पुस्तकें, विभिन्न संदर्भों में, अनुक्रम के आधार पर इन वर्णों को महत्व देती हैं, अर्थात। ब्राह्मण, क्षत्रिय, वैश्य और शूद्र। लेकिन ऐसी व्याख्या सही नहीं है। सभी वर्ण समान रूप से महत्वपूर्ण हैं।

महाभारत शांति पर्व अध्याय १८८ और १८९ में ऋषि भारद्वाज और ऋषि भृगु के बीच एक चर्चा है जो वर्ण व्यवस्था पर अधिक प्रकाश डालेगी। ऋषि भृगु ने वर्ण के सिद्धांत का उल्लेख किया है जिसमें ब्राह्मणों का वर्णन किया गया है कि वे सफेद, क्षत्रिय लाल, वैश्य पीले और शूद्र काले थे। ऋषि भारद्वाज ने ऋषि भृगु से पूछा कि वर्णों में भेदभाव कैसे किया जा सकता है जबकि वास्तव में हर वर्ग के लोगों में सभी रंग (वर्ण) देखे जाते हैं, जबकि वास्तव में सभी समूहों के लोग एक ही इच्छा, क्रोध, भय, दुः ख, थकान, भूख, प्रेम का अनुभव करते हैं। हर कोई एक ही तरह से पैदा होता है, रक्त और पित्त को वहन करता है और उसी तरह मरता है। फिर वर्ण क्यों होते हैं? भृगु यह कहते हुए उत्तर देते हैं कि वर्णों में कोई अंतर नहीं है। यह काम के भेदभाव के कारण उत्पन्न हुआ। उनमें से किसी के लिए भी कर्तव्य और संस्कार निषिद्ध नहीं हैं। न जन्म, न दीक्षा, न वंश, व्यक्ति का वर्ण निर्धारित करता है; केवल उनका वास्तविक आचरण, व्यक्त गुण ही किसी के वर्ण का निर्धारण करते हैं। शांति पर्व स्पष्ट रूप से कहता है कि कोई श्रेष्ठ या निम्न वर्ण नहीं है।

वास्तव में, स्कंद पुराण में कहा गया है, "जन्मना जायते शूद्रः संस्काराद्विज उच्यते", जिसका अर्थ है कि हर कोई शूद्र के रूप में पैदा होता है। अर्जित ज्ञान और किए गए कर्तव्यों के आधार पर, वह अन्य वर्णों को प्राप्त कर सकता है। जब बच्चा पैदा होता है, तो उसे केवल अपनी जरूरतों की चिंता होती है। जैसे-जैसे यह बढ़ता है और शिक्षा (संस्कार) प्राप्त करता है, यह अपनी प्रकृति और रुचि के आधार पर विभिन्न कार्यों और कर्तव्यों का पालन करता है।

जबकि वर्ण जन्म से तय नहीं होता है, यह स्वाभाविक रूप से विकसित हुआ है। उदाहरण के लिए, एक कुम्हार के परिवार में पैदा हुआ बच्चा, मिट्टी के बर्तनों के बारे में सीखेगा और उस वातावरण के परिणामस्वरूप उन कौशलों को प्राप्त करेगा जिसमें वह बच्चा बढ़ता है। सबसे अधिक संभावना है, जब वह बड़ा हो जाएगा, तो वह एक कुशल कुम्हार बन जाएगा। ऐसा उस बच्चे के आसपास के माहौल की वजह से हुआ। बच्चा कुम्हार के रूप में पैदा नहीं हुआ था। उसी तरह, एक परिवार में एक निश्चित वर्ण का पालन करने वाले बच्चों ने उस वर्ण के गुणों को प्राप्त कर लिया। जैसे-जैसे पारिवारिक परंपराएँ चलती रहीं, सभी परिवार के वर्ण का अनुसरण करने लगे। पीढ़ियों से चली आ रही इस प्रक्रिया के परिणामस्वरूप वर्ण को जन्म से सौंपा गया।

जन्म से प्राप्त वर्ण सामाजिक अलगाव और भेदभाव को जन्म देता है, जो अंततः एक जाति व्यवस्था बन गया। इसके अलावा राजनीतिक और अन्य हितों के कारण कई लोगों ने समाज को और विभाजित करने के लिए इस प्रणाली का पोषण किया।

परिशिष्ट ३ - दिशाओं का नामकरण

विभिन्न दिशाओं को दिए गए नाम बहुत अर्थपूर्ण हैं। जब ऋषि प्रकृति का अध्ययन कर रहे थे, तब शायद वे सुबह-सुबह अपनी पढ़ाई शुरू कर रहे थे। उगता सूरज उनका संदर्भ बिंदु था। जैसे ही उन्होंने सूर्य के प्रति मुख किया, उनके सामने जो दिशा थी (पुरतः अर्थ सामने) को पूर्व नाम दिया। उनके पीछे की दिशा (पश्च अर्थ पीछे) पश्चिम बन गई। दाईं ओर की दिशा दक्षिण नाम दिया। और अंतिम एक या शेष को उत्तर नाम दिया।

दिशाओं के नामकरण का यह तंत्र बहुत वैज्ञानिक है। यदि कोई दूसरे ग्रह की यात्रा करता है, तो दिशाओं के नामकरण के लिए उसी तंत्र का उपयोग किया जा सकता है।

- Veda The Root of Science by Dr. P. V. Vartak

- Scientific Interpretation of the Upanishads by Dr. P. V. Vartak

- The Scientific Dating of Ramayana and The Vedas by Dr. P. V. Vartak

- Purusha Sukta by S. K. Ramachandra Rao

- Srivaishnava Cyber Satsangh - https://www.srivaishnavam.com

- Sanskrit Documents - https://sanskritdocuments.org/

- Sanskrit Dictionary - https://www.learnsanskrit.cc/

- Sanskrit Transliteration Tool -

  https://www.ashtangayoga.info/philosophy/sanskrit-and-

  devanagari/transliteration-tool/

आगामी प्रकाशन

एक सुखी और सफल जीवन जीने के लिए भगवद गीता सबसे अच्छी नियमावली है। हालांकि, बहुत से लोग गीता को केवल एक धार्मिक ग्रंथ मानते हैं और केवल इसकी पूजा करते हैं। जिन लोगों ने गीता पढ़ी है उनमें से अधिकांश ने इसका अर्थ समझे बिना ही इसे पढ़ लिया है। कुछ लोग इसका अर्थ समझते हैं लेकिन वे यह नहीं जानते कि गीता की शिक्षाओं को दैनंदिन जीवन में कैसे लागू किया जाए।

युद्ध के मैदान में भगवान कृष्ण ने अर्जुन को गीता सुनाई थी। भले ही हम युद्ध के मैदान में न हों, हमारे जीवन में हमेशा एक संघर्ष चलता रहता है। हर एक परिस्थिति में हमें हमेशा सही विकल्प चुनने की चुनौती का सामना करना पड़ता है।

यह पुस्तक भगवद गीता के विभिन्न पाठों का विश्लेषण करती है जिन्हें हम अपने दैनिक जीवन में आसानी से लागू कर सकते हैं। संस्कृत श्लोकों के शब्दार्थ से परे जाकर, यह पुस्तक हमें कई श्लोकों के व्यावहारिक अर्थ और दैनिक जीवन में उनके उपयोग के लिए मार्गदर्शन करती है।

आइए हम अत्यंत पवित्र भगवद गीता के पाठों को सीखने के लिए एक यात्रा शुरू करें और अपने जीवन को समृद्ध करने के लिए स्वयं सर्वोच्च भगवान द्वारा दिए गए मार्गदर्शन का अभ्यास करें।

www.ingramcontent.com/pod-product-compliance
Lightning Source LLC
Chambersburg PA
CBHW051454150726
48000CB00005B/2387